Halko Weiss | Michael E. Harrer | Thomas Dietz

DAS ACHTSAMKEITS-ÜBUNGSBUCH

Für Beruf und Alltag

Klett-Cotta

Klett-Cotta
www.klett-cotta.de

Printed in Germany
Schutzumschlag: www.buero-jorge-schmidt.de
Die Grafiken auf S. 22 ff., 65, 74, 91 und 150 stammen von Brigitte Pfurtscheller
Unter Verwendung eines Fotos von © Roger T. Smith/Getty Images
Gesetzt aus der Scala von r&p digitale medien, Echterdingen
Gedruckt und gebunden von Friedrich Pustet GmbH & Co. KG, Regensburg
ISBN 978-3-608-94709-0

Sechste Auflage, 2016

Bibliografische Information der Deutschen Nationalbibliothek
Die Deutsche Nationalbibliothek verzeichnet diese Publikation in der
Deutschen Nationalbibliografie; detaillierte bibliografische
Daten sind im Internet über <http://dnb.d-nb.de> abrufbar.

Inhalt

Die Übungen

Anhang

EINFÜHRUNG

Achtsamkeit hat eine ehrwürdige und jahrtausendealte Tradition. Zugleich ist sie sowohl in der wissenschaftlichen Forschung als auch in vielfältigen Anwendungen hoch aktuell. Sie bildet einerseits den Kern des Befreiungsweges der buddhistischen Psychologie und steht andererseits im Zentrum moderner achtsamkeitsbasierter Verfahren, die sich in den letzten Jahren bei der Stressbewältigung, in Medizin, Psychotherapie und im Coaching mit bemerkenswerten Erfolgen bewährt haben. Die buddhistische Psychologie erklärt zunächst die *allgemeinen* Ursachen von menschlichem Leid und zeigt darauf aufbauend einen praktischen Übungsweg, um dieses Leid zu vermindern. Medizin und Psychologie setzen dagegen beim *einzelnen* Menschen an, sie interessieren sich für seine persönliche Innenwelt und seine Geschichte und sie finden individuelle Lösungen. Das vorliegende Buch verbindet das alte Erfahrungswissen von den grundsätzlichen Ursachen menschlichen Leidens mit modernen Erkenntnissen über individuelles Reifen und Heilen.

Heute ist es selbstverständlich geworden, Menschen als eine Einheit von Körper und Seele zu verstehen. Wir Autoren teilen diese Ansicht. Menschen sind zudem eingebunden in Beziehungen zu anderen Menschen und in das größere Ganze ihrer kulturellen und biologischen Umwelt. Sie werden – und das spielt in diesem Buch eine große Rolle – geprägt von den Erfahrungen, die sie von klein auf machen. Dabei entwickeln sie ein Repertoire automatisch funktionierender Automatismen, um mit sich und der Welt angemessen umgehen zu können. Achtsamkeit ist eine besondere menschliche Fähigkeit, die auch hilft, solche Automatismen zu bemerken und sich insbesondere jenen zuzuwenden, die einschränkend wirken. Achtsamkeit erzeugt *Klarheit* über Sichtweisen, die man sich von der Welt und von sich selbst angeeignet hat. Sie macht auch deutlich, dass diese vielfach gar nicht bewussten Sichtweisen eben nur subjektive Sichtweisen sind, die oft eine unmittelbare und genauere Wahrnehmung verhindern oder sie zumindest verzerren. Achtsamkeit vertieft zudem die sinnliche Erfahrung des Hier und Jetzt, des Körpers, der Innenwelt und der Fülle des Lebens. Wenn wir sie üben, verfeinert sich die Wahrnehmung. Sie stärkt außerdem die Fähigkeit zur *Konzentration,* fördert innere *Ruhe* und *Gelassenheit* und macht einen *liebevolleren Blick* auf sich selbst und Andere möglich.

Achtsamkeit in Worten zu beschreiben ist wie jemandem erklären zu wollen, wie z. B. eine Mango schmeckt. Eine Mango zu genießen ist eine komplexe und einzigartige Erfahrung, die sich nur ansatzweise mit etwas anderem vergleichen lässt. Man muss sie selbst sehen, riechen und schmecken. Im Textteil dieses Buches können wir in diesem Sinne nur eine grobe Vorstellung zur Praxis und der Bedeutung der Achtsamkeit ermöglichen. Mit den beiden CDs wollen wir daher insbesondere ihren tatsächlichen Geschmack in praktischen Übungen vermitteln. Diese Übungen bauen aufeinander auf und laden dazu ein, sich immer komplexeren Erfahrungen zuzuwenden. Wir werden dabei zum Erforscher unserer selbst: wie wir uns automatisch von Moment zu Moment selbst »organisieren«, wie unser Körper, unsere Gefühle und unsere Gedanken ausgelöst werden, von allein ablaufen und innere Wirkungen entfalten und schließlich, wie wir mit unseren inneren Abläufen und Reaktionen in die Welt um uns herum eingebettet sind.

Die *erste* CD beginnt mit der Anleitung zur Beobachtung des Atmens. Sie führt ins Hier und Jetzt und vertieft den Kontakt mit dem Körper. Auch im Alltag immer wieder innezuhalten und sich auf den Atem zu konzentrieren führt zu mehr Ruhe und Gelassenheit. Die zweite Übung ist eine Forschungsreise durch den Körper zur Vertiefung der Achtsamkeit und zur Verfeinerung der Wahrnehmung. Im Textteil finden sich Anregungen zur Umsetzung der geübten Fähigkeiten im Alltag. Sie laden dazu ein, die in den Übungen des »achtsamen Stehens« und des »achtsamen Gehens« erlebten Qualitäten auch im Alltag wach zu rufen. Weiter geht es mit Anleitungen zum Experimentieren mit der Aufmerksamkeitslenkung. Der »Scheinwerfer der Aufmerksamkeit« wird bewusst gebündelt, um ihn auf ein umschriebenes Objekt zu richten. Dann wird er wieder weit gestellt, um für alles offen zu sein, was im Feld des Gewahrseins auftaucht. Schließlich werden Innen- und Außenwelt gleichzeitig auf dem »inneren Bildschirm« festgehalten. Diese Übungen entstammen ihrem Wesen nach der buddhistischen Tradition. Die heute verbreiteten Achtsamkeitstrainings zur Stressreduktion oder zur Rückfallprophylaxe von Depression schlagen ähnliche Übungen vor. Sie sind die Basis jeder Achtsamkeitsschulung.

Die Übungen der *zweiten* CD haben ihren Ursprung in der seit den 1960er Jahren kontinuierlich entwickelten Anwendung von Achtsamkeit in der HAKOMI-Methode und der Arbeit mit der »inneren Familie« nach Richard Schwartz. Es sind Anleitungen zu kleinen Experimenten in Achtsamkeit. Sie dienen der Selbstregulation und der Erforschung der Selbstorganisation. Es wird beobachtet, wie sich Veränderungen des Atemrhythmus oder eine Berührung der Brust mit der eigenen Hand auswirken. Es werden die Automatismen im Umgang mit unangenehmen Reizen untersucht und wie deren Unterbrechung neue Erfahrungen ermöglicht. Zwei Übungen erforschen, wie sich die menschliche Psyche aus unterschiedlichen Persönlichkeitsanteilen zusammensetzt. Eine Übung zu zweit macht Muster deutlich, die im Kontakt mit anderen Personen aktiviert werden.

Der *Textteil* dieses Büchleins beginnt mit Definitionen von Achtsamkeit und beschreibt anschließend ihre vier Bausteine: (1) Die bewusste *Lenkung der Aufmerksamkeit* auf die, (2) sich von Augenblick zu Augenblick entfaltende *gegenwärtige Erfahrung*. (3) Das *teilhabende Beobachten* aus einer, (4) nicht bewertenden, sondern wohlwollend *akzeptierenden Haltung*.

Der nächste Abschnitt beschäftigt sich mit den Möglichkeiten der Aufmerksamkeitslenkung und den Objekten der Wahrnehmung. Menschliches Erleben wird dadurch mitbestimmt, welche Teile der Innen- und Außenwelt im jeweiligen Moment bewusst wahrgenommen werden. Die Welt sieht anders aus, je nach dem, ob man an einem Sommertag im Park von dunklen depressiven Gedanken gefangen gehalten wird oder ob man dafür offen ist, die Blumenwiese zu sehen, das Vogelgezwitscher zu hören und die Wärme der Sonne auf der Haut zu spüren.

Es folgen Übersichten zu Anwendungsbereichen und Auswirkungen der Achtsamkeit und dazu, wie man sich ihre Wirkungen erklärt. Das vorgeschlagene Kultivieren eines »Inneren Beobachters« schafft einen erleichternden Abstand von Gedanken und Gefühlen, ohne die Verbindung mit ihnen zu verlieren. Man kann immer wieder innehalten und bewusst wahrnehmen, was innerlich abläuft. Dies ermöglicht, aus belastenden Automatismen auszusteigen und vorher nicht bemerkte Wahlmöglichkeiten zu nutzen. Achtsamkeit macht vorher nicht Bewusstes bewusst. Auf diese Weise wird es bearbeitbar und fördert eine gute Integration. Dazu trägt auch die akzeptierende Haltung allen inneren Anteilen gegenüber bei. Ein freundlicheres Betrachten von Ungeliebtem und die Begegnung mit bisher Unbeachtetem eröffnen Wege für bereichernde Erfahrungen.

Durch die Verknüpfung von Achtsamkeit mit einem *Modell der Persönlichkeitsanteile* entsteht auch die Möglichkeit zu beobachten, welche inneren »Zustände« im jeweiligen Augenblick aktiviert sind und zu entscheiden, ob sie für die Situation passend und gewünscht sind. Ziel ist es, zur »Selbstführung« aus dem inneren Beobachten heraus eine übergeordnete Instanz zu entwickeln, die alle Mitglieder des »inneren Teams« im Auge hat, sie versteht und für sie sorgen kann. Diese innere Instanz kann für eine Balance zwischen den unterschiedlichen Anteilen der Persönlichkeit sorgen. In den Übungen werden einige davon erforscht, speziell auch jene, die im Weg zu stehen scheinen. Ein achtsamer »innerer Dialog« wird angeregt.

Für uns Autoren hat die *Achtsamkeit in Beziehungen* ganz besondere Bedeutung. Wir Menschen sind soziale Wesen und unser Glück hängt in hohem Maße davon ab, wie gut wir in Beziehungen zu anderen Menschen eingebettet sind. Die Anwendung der Achtsamkeit auf den Umgang mit wichtigen und geliebten Menschen birgt oft die größte Herausforderung. Beides, den Umgang mit uns selbst und den mit Anderen, sehen wir als untrennbar miteinander verbunden. Zentrales Ziel der von uns vorgeschlagenen Achtsamkeitspraxis ist daher die Entwicklung von Achtung und Mitgefühl für Andere, gepaart mit einer wesensnahen Selbstfürsorge.

Der *Übungsteil* des Buches enthält Anmerkungen zu jeder einzelnen Übung. Es werden Vorbereitung, Übungsfelder, der Transfer in den Alltag und Variationsmöglichkeiten beschrieben. Den Einstieg bilden allgemeine Empfehlungen zum Üben und zum Gebrauch der CDs.

Den Abschluss bilden Hinweise auf weiterführende Literatur, Weblinks und Schlüsselbegriffe der Achtsamkeit.

Das Buch versucht, Theorie und Praxis zu verbinden, wodurch dem Leser (Wir verwenden im Hinblick auf eine bessere Lesbarkeit des Textes zumeist die männliche Form. Wir sind allerdings darauf bedacht, so oft wie möglich geschlechtsneutrale Worte zu nutzen.) je nach persönlicher Vorliebe zwei Wege offen stehen: sich die Theorie über die Übungen zu erschließen oder sich zunächst theoretisch mit dem Konzept der Achtsamkeit vertraut zu machen, um erst dann mit den Übungen zu beginnen. Wir empfehlen in beiden Fällen vor dem Hören der Übungen die jeweiligen Anmerkungen zu lesen. Alle

Übungen erfordern die volle Aufmerksamkeit, sie sind daher *nicht geeignet, sie nebenbei zu hören,* etwa beim Autofahren.

Grundlagen

WAS IST ACHTSAMKEIT?

Wurzeln der Achtsamkeit und ihre aktuelle Bedeutung

Achtsamkeit ist eine Fähigkeit des Bewusstseins, die jeder Mensch entwickeln kann. Sie zu üben ist Teil vieler spiritueller Wege, etwa im Christentum und im Sufismus, vor allem aber in der 2 500 Jahre alten Tradition des Buddhismus. Buddha beschrieb einen Weg zur Befreiung vom Leid, dessen Herzstück die Achtsamkeit ist. Ihre Ursprünge liegen somit in einem ganz bestimmten weltanschaulichen, ethischen und spirituellen Gesamtzusammenhang. Die Anwendung von Achtsamkeit ist aber keineswegs an eine Religion gebunden. Buddha selbst hat seine Schüler dazu ermuntert, *nichts* zu glauben, nur weil es Lehrer behaupten oder es in Büchern steht. Alles möge an der eigenen Erfahrung geprüft werden.

Schon seit Beginn des 19. Jahrhunderts hat es in Europa immer wieder Bewegungen gegeben, die sich für die Lehren aus dem Osten interessierten. Doch erst seit den 1960er Jahren gewinnt ihr Wissen – und damit auch die Achtsamkeit – in der westlichen Welt zunehmend an gesellschaftlicher Bedeutung. So konnten die Beatles mit ihrem Guru Interesse für Meditation wecken, Mönche und Yogis wurden in Labors untersucht. Die eindrucksvollen Bilder des menschlichen Gehirns während meditativer Zustände machten auch Skeptikern deutlich, welche Möglichkeiten in der Nutzung des alten östlichen Erfahrungsschatzes liegen. Am Beginn der Entwicklung wurde Achtsamkeitstraining als Entspannung verstanden, später als mentales Training zur Erreichung von Höchstleistungen. In den letzten Jahren wurden Verfahren zur Behandlung von psychischen und körperlichen Erkrankungen entwickelt. Dabei wird auch die stressreduzierende und emotionsregulierende Wirkung von Achtsamkeit genutzt. Ein intensives Langzeittraining von Achtsamkeit kann Möglichkeiten eröffnen, die über die Psychologie des »normalen« Alltagsbewusstseins weit hinausgehen.

Das letzte Jahrzehnt brachte der Psychotherapie und Medizin geradezu einen »Achtsamkeits-Boom«. Der Großteil der veröffentlichten Studien bezieht sich auf die Arbeit von Jon Kabat-Zinn. Er entwickelte in den 1970er Jahren in Massachusetts ein achtsamkeitsbasiertes Stressbewältigungsprogramm. Dieses Gruppenprogramm, »Mindfulness-Based Stress Reduction« (MBSR) genannt, ist inzwischen weltweit verbreitet und hat sich bei unterschiedlichsten Zielgruppen bewährt. Seit den 1960er Jahren wurden parallel zum Siegeszug der auf klassischer Achtsamkeitspraxis basierenden Gruppenprogramme auch achtsamkeits*zentrierte* Verfahren für tiefenpsychologische Einzeltherapie und Coaching entwickelt. Dies sind vor allem die Hakomi-Methode, sowie zumindest in Ansätzen die Arbeit mit der »inneren Familie« (IFS) und das Focusing *(siehe Hakomi, S. 161;* IFS, *S. 162; Focusing, S. 161)*.

Definitionen von Achtsamkeit

Auf die Frage, was Achtsamkeit ist, wird man sehr wahrscheinlich recht unterschiedliche Antworten bekommen. Wenn man buddhistische Mönche fragt, wird die Antwort davon abhängen, welcher Tradition diese angehören, ob sie Novizen sind oder jahrzehntelange Erfahrung haben. Sie werden bei ihrer Antwort auch das Wissen und die Vorerfahrungen der Fragenden mit berücksichtigen.

Der vietnamesische buddhistische Mönch und Friedensaktivist Thich Nhat Hanh, einer der Lehrer, die Achtsamkeit im Rahmen des »engagierten Buddhismus« im Westen populär gemacht haben, beschreibt sie folgendermaßen:

»Achtsamkeit ist die Fähigkeit, in jedem Augenblick unseres täglichen Lebens wirklich präsent zu sein. (...) Achtsamkeit ist eine Art von Energie, die jedem Menschen zur Verfügung steht. Wenn wir sie pflegen, wird sie stark, wenn wir sie nicht üben, verkümmert sie. (...) Achtsamkeit lässt uns erkennen, was im gegenwärtigen Augenblick in uns und um uns herum wirklich geschieht«.[1]

In Achtsamkeitstrainings zur Stressbewältigung wird Achtsamkeit folgendermaßen beschrieben:

»Achtsamkeit ist jenes Gewahrsein, das entsteht, wenn sich die Aufmerksamkeit mit Absicht und ohne zu bewerten auf die Erfahrungen richtet, die sich von Moment zu Moment entfalten.«[2]

Die unterschiedlichen Definitionen beinhalten vier Bausteine, die aus der Sicht der Autoren essenziell sind:

1. Die *Lenkung der Aufmerksamkeit* ist beabsichtigt und damit bewusst.
2. Die Aufmerksamkeit wird auf die *Gegenwart*, den jeweiligen Augenblick gelenkt. Dies führt zu einer besonderen Qualität von *Präsenz*.
3. Das Licht, in dem die gegenwärtige Erfahrung wahrgenommen wird, ist wohlwollend, freundlich, *akzeptierend* und nicht bewertend oder gar verurteilend.
4. Achtsamkeit ist durch das Erwachen eines *»Inneren Beobachters«* charakterisiert.

Achtsamkeit ist ein Wort mit vier unterschiedlichen Bedeutungen:

1. Achtsam sein bedeutet, sich in einem genau beschriebenen *Zustand* zu befinden: Einem geistig aktiven aber zugleich passiv aufnehmenden Beobachten und Gewahrsein dessen, was innen und außen im gegenwärtigen Moment vorgeht. Automatische Reaktionen werden nicht unmittelbar in Handlungen umgesetzt – Impulse werden zunächst nur beobachtet. Achtsamkeit steht somit im Gegensatz zum Alltagsbewusstsein, in dem man eher automatisch, wie in einem »Autopiloten-Modus« funktioniert. Zusätzlich besteht auch Bewusstheit darüber, worauf die Aufmerksamkeit im jeweiligen Augenblick gerichtet ist.
2. Achtsam sein bedeutet, der Erfahrung gegenüber eine bestimmte *Haltung* einzunehmen: Objekte in der Außenwelt, aber auch innere Vorgänge wie

Gedanken, Gefühle und Körperempfindungen werden so angenommen, wie sie sind. Sie werden nicht bewertet, es erfolgt keine Einordnung in bestehende Konzepte und auch keine Verknüpfung mit vergangenen Erfahrungen. Diese Haltung entsteht von allein durch häufiges und längeres Verweilen in Zuständen von Achtsamkeit.

3. Achtsamkeit beruht auf bestimmten *Techniken*. Konzentration und Fokussierung der Aufmerksamkeit führen zu innerer Ruhe. Aus dieser »Zugangskonzentration« entsteht die grundlegende Fähigkeit zu immer genauerem und konstanterem Beobachten. Einzelne Elemente der Wahrnehmung können auch innerlich *benannt* werden, ohne sie einer Analyse zu unterziehen.
4. Oft wird Achtsamkeit mit den *Auswirkungen* der Praxis gleichgesetzt. Achtsamkeitspraxis kann zur Entwicklung von Einsicht, von Ruhe und innerem Frieden und von Gelassenheit und Gleichmut führen. Sie kultiviert Mitgefühl und Mitfreude, Gegenwärtigkeit und Präsenz. Sie verbessert die Selbstregulationsfähigkeit und öffnet den Menschen für neue Erfahrungen. »Einsicht« bedeutet in dieser Tradition die Loslösung von Konzepten mit dem Ziel, die Welt immer genauer und umfassender so wahrzunehmen, wie sie ist.

DIE VIER BAUSTEINE DER ACHTSAMKEIT

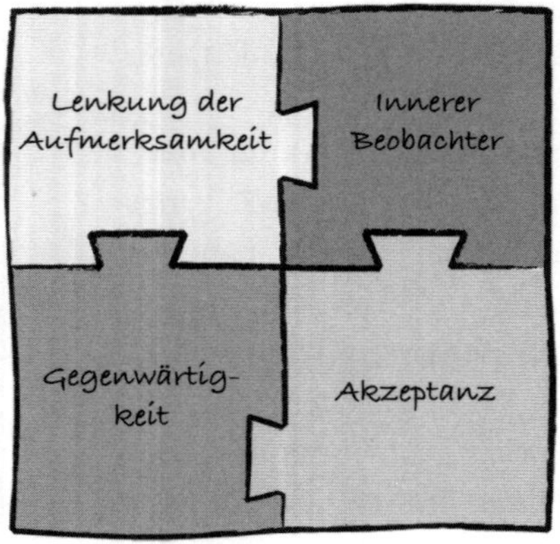

Baustein 1: Lenkung der Aufmerksamkeit

Eine Grundannahme der buddhistischen Psychologie besteht darin, dass jeder Mensch in seiner eigenen Welt lebt. Wie er diese Welt konstruiert, hängt von den Aspekten der Außen- und Innenwelt ab, die er wahrnimmt. Die Auswahl dieser Aspekte ist das Ergebnis der Lenkung der Aufmerksamkeit. Sie bestimmt, was wir registrieren und was wir ausblenden. Diese Lenkung erfolgt in der Regel nicht bewusst. Wir erleben es subjektiv meist eher so, dass etwas unsere Aufmerksamkeit auf sich zieht, wir dann wieder abgelenkt werden und es uns schwer fällt, über längere Zeit bei einer Sache zu bleiben. Diese Lenkung ist zwar nicht bewusst aber sehr wohl ein *aktiv gestaltender* Prozess. Somit handelt es sich vielmehr um eine »Wahrgebung«[3] als um eine Wahrnehmung.

Wenn man die Aufmerksamkeit mit dem Lichtkegel eines Bühnenscheinwerfers vergleicht, hieße Achtsamkeit, zugleich Beleuchter und Regisseur zu sein. Wo der Lichtschein hinfällt, folgt dann nicht mehr den automatischen Gesetzen des Alltagsbewusstseins, so wie man sich unwillkürlich in die Rich-

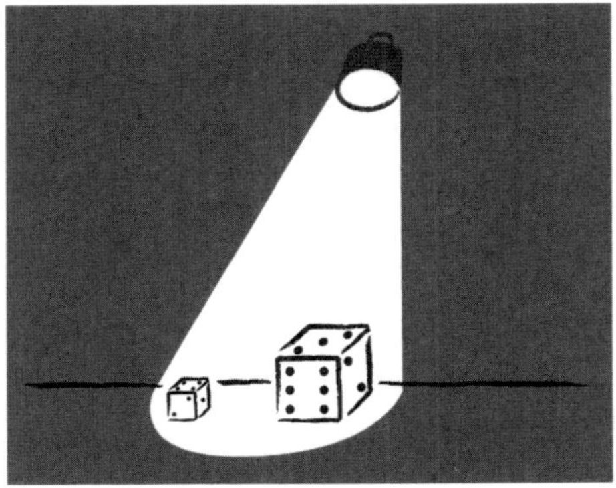

tung dreht, aus der man plötzlich ein lautes Geräusch hört. In einem achtsamen Zustand kann man im Gegensatz dazu ganz bewusst jene Stelle auf der Bühne des Lebens auswählen, die beleuchtet werden soll. Der Bewusstseins-Scheinwerfer kann dann entweder diffus die gesamte Bühne beleuchten, wie ein Spot einen kleinen Ausschnitt hervorheben oder wie ein Laserstrahl nur einen Punkt fokussieren und zwar so lange, wie der Regisseur es will.

Achtsamkeit bedeutet, diese Wahlmöglichkeit zu nutzen. Man kann sich die automatischen Aufmerksamkeitslenkungsprozesse bewusst machen und selbst die Regie übernehmen. Damit kann man sich dem zuwenden, was im Augenblick wesentlich ist. Man kann die Aufmerksamkeit sich selbst und seiner Innenwelt schenken, speziell dann, wenn man sonst dazu neigt, sich selbst zu vergessen. Man kann seinen Körper spüren, etwa die Atmung. Man kann sich einem Gefühl zuwenden, um seine Botschaft zu hören. Man kann sich beim Denken zuschauen und bemerken, ob die Gedanken im Kreis laufen oder sinnvoll weiter führen. Und man kann beobachten, welche Auswirkungen die augenblickliche Lenkung der Aufmerksamkeit hat, ob sie sich günstig auswirkt oder vielleicht sogar schadet.

Wenn man praktisch ausprobiert, die Aufmerksamkeit bewusst auf ein Objekt zu lenken und darauf konzentriert zu bleiben, wird schnell deutlich, wie wenig man seine Aufmerksamkeit und die eigenen Gedanken im Griff hat. Im Osten wird der Geist mit einem Affen verglichen, der ruhelos herum hüpft. Achtsamkeitspraxis hat das Ziel, diesen *»Affengeist«* zu zähmen, ihn zur Ruhe zu bringen. So wird etwa in der Atemachtsamkeit geübt, die Aufmerksamkeit auf das Ein- und Ausströmen des Atems zu richten und diesen Fokus über längere Zeit beizubehalten. Ein erstes Ziel ist es, zu bemerken, wenn der Geist ohne unsere Absicht auf Wanderschaft geht, um ihn wieder sanft zum gewählten Fokus zurückzubringen: tausendmal abschweifen, um ihn tausendundeinmal wieder zurück zu bringen. Man kann sich das wie mentales Hanteltraining vorstellen: jedes Senken der Hantel ein Nachlassen der Sammlung, jedes Anheben eine Stärkung der Konzentrationsfähigkeit. Auf der Ebene der Neurobiologie bedeutet das, auch die für die Lenkung der Aufmerksamkeit zuständigen neuronalen Netzwerke im Stirnlappen und anderen Teilen des Gehirns werden gestärkt. Dieser Zusammenhang ist bereits recht gut erforscht. Daher die gute Nachricht: Es wird leichter, je länger ich übe. Die Pausen zwischen den Ablenkungen durch die Gedanken werden mit zunehmendem Training länger. Der Zustand der reinen Beobachtung des gewählten Gegenstands dauert ohne Mühe an und wird immer angenehmer.

Achtsamkeitspraxis schult somit zunächst die Aufmerksamkeit, um sie immer beständiger und leichter lenken zu können. Die Atem-Achtsamkeit ist dafür die Basisübung. Auch der »Bodyscan« verfeinert die Konzentration auf einzelne Körperteile und eine immer ganzheitlicher werdende Körperwahrnehmung. In *Übung 5/CD 1 »Achtsam Innen und Außen wahrnehmen« (S. 118)* wird die Fähigkeit trainiert, die Aufmerksamkeit bewusst geteilt, in beiden Bereichen zu halten. Beim *»Zooming« (S. 122; Übung 6/CD 1)* wird die Aufmerksamkeit wie ein Teleobjektiv bewusst weiter und enger gestellt.

Eine beständige Achtsamkeitspraxis führt dazu, sich auch im Alltag zunehmend bewusst darüber zu sein, worauf die Aufmerksamkeit in jedem Augenblick gerichtet ist. Dies ermöglicht, den Fokus bewusst zu wählen. Achtsamkeit hat somit auch die Funktion eines *Pförtners*. Sie bestimmt, auf welche Gegenstände die Aufmerksamkeit fällt und welche damit in die Innenwelt eingelassen und dort genährt werden. Sie lenkt, wohin Energie und Informationen fließen. »Energy flows where attention goes« – heißt es bei den Kahunas, den hawaiianischen Schamanen. Bei häufiger Wiederholung dieses Flusses erfolgt auf der neurobiologischen Ebene eine »Bahnung«: Neuronen, die häufig gemeinsam aktiv sind, verbinden sich immer fester. Die Geschichte von den »zwei Wölfen« illustriert diesen Zusammenhang: Ein alter Indianer sitzt mit seinem

Es wird leichter, je länger ich übe

Enkel am Lagerfeuer. Nach langem Schweigen berichtet der Alte aus seinem Leben: »Weißt du, im Herz von jedem Menschen kämpfen zwei Wölfe. Einer ist selbstsüchtig, nachtragend und wütend, der andere ist liebevoll, sanft und mitfühlend.« »Und welcher der beiden gewinnt?« fragt der Enkel besorgt. »Der, den du mehr fütterst!« antwortet der Großvater. So können wir uns – wie der Indianerjunge – die Frage stellen, wen wir füttern, wohin wir unsere Aufmerksamkeit richten und was wir in uns kultivieren oder eben gerade nicht.

Energie folgt der Aufmerksamkeit

Im Zeitalter des Multitasking oder – wie es manchmal beschrieben wird – eines kollektiven Aufmerksamkeits-Defizit-Hyperaktivitäts-Syndroms (ADHS) scheint die Fähigkeit, den Fokus bewusst zu wählen und sich auf eine Sache zu konzentrieren, unterentwickelt. Sich über längere Zeit auf eine Sache zu konzentrieren ist allerdings nicht grundsätzlich besser als Multitasking. Achtsamkeit bedeutet eher Bewusstheit darüber zu haben, was man tut, unterschiedliche Möglichkeiten zur Auswahl zu haben und diese *Wahl* bewusst zu treffen, eben der jeweiligen Situation angemessen.

Baustein 2: Gegenwärtigkeit

Achtsamkeit bedeutet, sich dem gegenwärtigen Moment zuzuwenden. Menschen neigen dazu, darüber nachzudenken, was war oder was sein wird, sie freuen sich auf etwas, was sein wird, haben Angst oder betrauern Vergangenes. Diese Beschäftigung mit Vergangenheit und Zukunft führt dazu, dass jener

Zeitabschnitt vernachlässigt wird, in dem sich das Leben ausschließlich abspielt: gerade jetzt. Dieser Gegenwartsmoment hat keine bestimmte Dauer, er ist gerade so lang, dass eine Erfahrung auftauchen und ins Bewusstsein treten kann. Und doch spielt sich das Leben an genau diesem Punkt ab. Nur hier haben wir die Möglichkeit eines Einwirkens. Es ist der einzige Moment, in dem wir unser Potential entfalten können.

Achtsamkeit bedeutet in diesem Sinne Wertschätzung für jeden einzelnen Augenblick des Lebens. Diese Wertschätzung ist die Voraussetzung dafür, ihn wahrzunehmen und die Fülle des Lebens in sich aufzunehmen. In der Regel wird die Wahrnehmung eines Gegenstandes oder eines Moments ganz automatisch mit Gedanken und Bewertungen verknüpft, die sich zu Ketten verbinden und uns auf einem ungesteuerten Kurs halten. So kann etwa die Wahrnehmung einer einzigartigen Rose zum grundsätzlichen Nachdenken über Rosen führen oder über das Rot, die Dornen, die Vergänglichkeit, den hohen Preis im Blumengeschäft, zu Erinnerungen und weiteren Assoziationen. Damit ist der Kontakt zur Rose verloren. Achtsamkeitspraxis schult die Fähigkeit, bei der unmittelbaren sinnlichen Wahrnehmung zu verweilen und zwar diesseits aller Konzepte. Sie ermöglicht ein genaueres und intensiveres Erleben.

Die Vergangenheit ist schon vorüber. Die Zukunft ist noch nicht da. Nur im gegenwärtigen Augenblick kann ich das Leben wirklich berühren

»Nimm wahr, als hättest du keine Vergangenheit und keine Zukunft«, könnte die Anleitung zu einer Haltung lauten, die man als *»Anfänger-Geist«*[4] bezeichnet. Man begegnet dabei Dingen oder Menschen so wie ein Kind. Man betrachtet sie, als ob man sie noch nicht kennen würde und sie noch nie gesehen hätte. Konzepte, innere Kommentare und Bewertungen tauchen dann gar nicht auf. Das führt zu einem offenen, neugierigen und interessierten Erfahren des Augenblicks.

Wenn sich mit der Zeit die Qualität der Beobachtung verfeinert und man über längere Zeit bei einem Objekt verweilen und genauer schauen, hören und spüren lernt, tritt auch die *Vergänglichkeit* aller Dinge deutlicher ins Bewusstsein. Dieser ständige *Wandel* ist manchmal neutral, manchmal mit Abschied verbunden und schmerzlich. Wandel macht aber auch in jedem Augenblick einen Neubeginn möglich. »Und jedem Anfang wohnt ein Zauber inne«, lautet eine Zeile in einem Gedicht von Hermann Hesse. Seine Vergänglichkeit macht oft erst den Wert des Augenblicks bewusst.

Baustein 3: Wohlwollende Akzeptanz

Zwei menschliche Automatismen schaffen Leiden: etwas zu wollen, was *nicht* ist und etwas *nicht* zu wollen, was ist. Die buddhistische Psychologie nennt diese beiden Tendenzen Ablehnung bzw. Hass und Anhaften bzw. Gier. Sie schlägt etwas Drittes vor: einen Weg zu kultivieren, auf dem wir lernen, die Dinge so zu akzeptieren, wie sie sind. Dies gilt für den jeweiligen Augenblick und bedeutet keinesfalls, Unheilsames unnötig lange auszuhalten und dass man sich nicht um Veränderung bemühen soll. Akzeptanz führt allerdings dazu, einen aussichtslosen und zum Scheitern verurteilten Kampf gegen Unveränderbares zu beenden oder ihn erst gar nicht zu führen. Es ist wie bei jenen Menschen, die dem Tod ins Auge schauen müssen und sich mit ihm angefreundet haben. Da können eine tiefe Stille, Freude am Leben und große Liebe allen Dingen gegenüber eintreten. Es ist allerdings oft gar nicht so einfach, zu unterscheiden, was veränderbar ist und was nicht oder in welchem Zeitraum. Nicht selten ist es sogar so, dass sich eine unangenehme Situation nicht verändert oder sogar verstärkt, solange man dagegen ankämpft. Erst wenn es gelingt, sie freundlich zu akzeptieren, verändert sie sich manchmal wie von selbst oder löst sich auf. Psychologen sprechen vom *»Paradoxon der Veränderung«*[5]. Eine Ebene der Erklärung dafür könnte sein, dass es einer gewissen Akzeptanz bedarf, um überhaupt einmal genau hinzuschauen, speziell wenn ein problematischer Zustand massiv abgelehnt und eine Auseinandersetzung damit vermieden wird. Ein genaues *Hinschauen* ist dann Voraussetzung dafür, auf kenntnisreichere und intelligentere Weise auf das Problem einzugehen.

Die buddhistische Psychologie beschreibt noch eine weitere Eigenheit des Menschen, die völlig automatisch abläuft: nämlich alles Wahrgenommene durch Gedanken zu begleiten. Mit diesen Gedanken sind meistens Bewertungen verbunden, z. B. die Abwertung von sich selbst oder von Anderen mit Sätzen wie »Wie sehe ich heute nur wieder aus?« oder »Was redet der für einen Unsinn?« Achtsamkeit führt dazu, eine neue, meist ungewohnte Haltung den eigenen Wahrnehmungen und Erfahrungen gegenüber einzunehmen: Sie wie Gäste in sein Haus einzuladen, sie willkommen zu heißen, sie kommen und wieder gehen zu lassen und zwar ohne Bevorzugung oder Ablehnung. Dazu muss die natürliche Tendenz aufgegeben werden, Unangenehmes zu vermeiden und Angenehmes zu suchen. Durch das Üben der Achtsamkeit soll auch Platz für schmerzhafte Erfahrungen gemacht werden, genauso wie für Altern, Krankheit und Tod. Aus der Sicht der buddhistischen Psychologie ist es unvermeidlich, alles zu verlieren, was man liebt. Es wird nur dann Ruhe einkehren, wenn wir nicht mehr gegen das ankämpfen, was unvermeidlich ist. Ein solcher Kampf führt nur zu weiterem unnötigen Leiden.

Beobachten ohne Bevorzugung und ohne Ablehnung

Es ist nicht leicht, aus den Mustern von Bewertung und Vermeidung herauszutreten. Der erste Schritt in diese Richtung ist, zu beobachten, welche Bewertungsprozesse automatisch ablaufen und welche Impulse ein näheres Hinschauen verhindern. Allein schon dieses Beobachten führt zu einer größeren Distanz gegenüber den Bewertungen und erleichtert, sich wieder der unmittelbaren Erfahrung zuzuwenden. Nach dieser Auffassung verlässt man gleichsam das Kino, in dem der innere Film mit den Bildern läuft, die man sich von einer Sache gemacht hat. Man ist wieder frei, sie unmittelbar wahrzunehmen, wie sie wirklich ist.

Der Zustand des inneren Beobachtens schafft einen befreienden Abstand und ein genaueres Hinschauen wird leichter. Durch das genaue Hinschauen

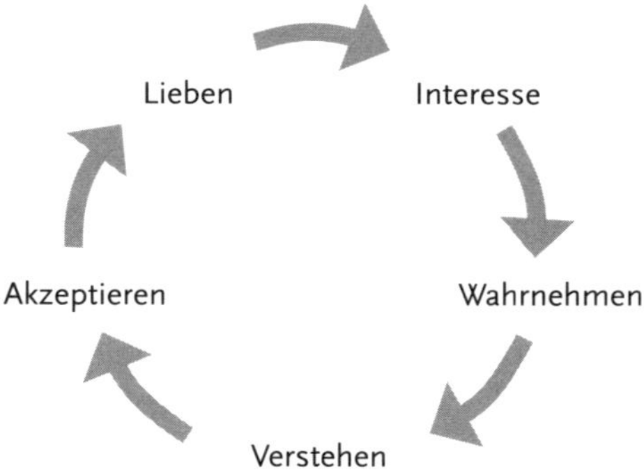

gewinnt man Verständnis, was wiederum hilft, eine akzeptierende Haltung zu finden. Und je besser ich etwas kenne und annehme, umso mehr kann ich es lieben. Dadurch kommt ein sich selbst verstärkender Kreisprozess in Gang. Dieser führt über wohlwollendes Interesse, genauere Wahrnehmung und Verstehen zum Akzeptieren und zu einer tieferen Liebe zu den Dingen aber auch zu anderen Menschen und zu sich selbst.

Es gibt in den Traditionen der Achtsamkeit unterschiedliche Auffassungen darüber, ob Akzeptanz ein Bestandteil der Definition von Achtsamkeit sein soll oder ob sie eine natürliche Folge der Achtsamkeitspraxis darstellt. Wahrnehmen ohne zu bewerten ist dagegen Teil nahezu aller Definitionen. Ob die gefühlsmäßige Tönung dieser Wahrnehmung nur neutral oder wohlwollend und liebevoll ist, darin unterscheiden sie sich wiederum. Unbestritten ist allerdings, dass kontinuierliche Achtsamkeitspraxis zu mehr Mitgefühl und »Liebevoller Güte« führt und dies ein wesentliches Ziel allen Übens ist.

Baustein 4: Der »Innere Beobachter« führt zu Disidentifikation

Wir beschreiben Achtsamkeit hier auch als das Erwachen des »Inneren Beobachters«. Die Achtsamkeitspraxis zielt aus dieser Perspektive darauf ab, einen inneren Beobachter zu kultivieren, der sich sogar seiner selbst bewusst ist.

Es ist ein *teilhabendes* Beobachten, charakterisiert durch einen engen Kontakt zur Erfahrung, während gleichzeitig Distanz zu ihr besteht. Man kann sich das wie einen Schritt in eine größere Entfernung vorstellen oder wie einen Fluss, den der Beobachter vorbeifließen sieht. Entscheidend ist der *Perspektivenwechsel*: nicht mehr von den Fluten mitgerissen zu werden, sondern aus der Stille heraus das Vorbeifließen zu beobachten, vielleicht die Zehen oder einen Finger einzutauchen, um die Temperatur und die Strömung zu spüren.

In der buddhistischen Lehre wird immer wieder von *»reinem Gewahrsein«* gesprochen, was bedeuten soll, sich dieses Beobachtens bewusst zu sein, selbst wenn nichts mehr beobachtet wird. Dies sind besondere Zustände, die nach langem Training auftreten. Sie sind mit Worten nicht adäquat zu beschreiben, vermitteln dem Übenden aber eine subjektive Erfahrung dessen, was er »wirklich« ist.

Im Alltag ist man von diesen Zuständen weit entfernt, wenn man von

Gefühlen und Gedanken vereinnahmt, überwältigt oder gar, wie Dan Goleman es beschreibt, »entführt« wird. Alles als Wirklichkeit zu erleben, was man denkt und fühlt, verstehen wir als »Identifikation« mit dem jeweiligen Zustand. Dann gibt es keinen Abstand und keinen Beobachter, der bemerkt, wie ich mit einem meiner Zustände verschmolzen bin – z. B. mit einem eifersüchtigen oder wütenden – und dass ich dessen Perspektive für die Wirklichkeit halte. Durch die Beobachtung entstehen dagegen *zwei* Perspektiven: die des Erlebenden und die des Beobachters. Wenn man die Perspektive des Beobachtens wählt, entsteht eine Distanz zum Erlebten. Und was ich beobachten kann, kann nicht Ich sein. Dieses Aussteigen aus der Identifikation nennen wir hier Disidentifikation.

Disidentifikation: Was ich beobachten kann, kann nicht Ich sein

Eine in der Achtsamkeitspraxis häufig angewandte Technik ist das *Etikettieren* oder *Benennen*. Sie unterstützt diese Trennung von Beobachtetem und Beobachter. Wenn etwa bei der Atem-Achtsamkeit ein Gedanke auftaucht, wird ihm gleichsam ein Etikett aufgeklebt, er wird benannt, indem man innerlich zu sich sagt: »Gedanke«. Benennen ist nur dann möglich, wenn der innere Beobachter wach ist. Benennen hilft, Abstand vom Benannten zu gewinnen und dadurch leichter zum ursprünglichen Objekt der Aufmerksamkeit zurückzukehren.

WORAUF RICHTET SICH DIE AUFMERKSAMKEIT?

Objekte der Aufmerksamkeit

Was passiert dem Anfänger beim Versuch zu sitzen und »einfach« nur den Atem zu beobachten? Schon nach einigen Momenten tauchen meistens Gedanken auf, z. B. was noch alles zu tun wäre, und als Reaktion darauf vielleicht Ärger, dass es wieder nicht gelingt, abzuschalten. Mit der Zeit melden sich Verspannungen, der Rücken schmerzt. Der Geist beginnt Gedankenschleifen abzuspulen. Erinnerungen und die damit verbundenen Gefühle kommen hoch, vielleicht der Impuls einfach aufzustehen und los zu arbeiten. Zur Ablenkung können angenehme Fantasien dienen. Oder ein spontaner innerer Dialog macht Konflikte deutlich. Man hört Geräusche und reagiert darauf. Lähmende Müdigkeit stellt sich ein. Wenn die Augen offen sind, fällt einem plötzlich ein Gegenstand auf. Der Wahrnehmung folgen Gedanken über den Gegenstand. Der Duft des Räucherstäbchens oder der Geruch von Essen steigen in die Nase. »Was esse ich heute noch?« ist der nächste Gedanke.

Man sieht, über wie viele Kanäle wir Vorgänge wahrnehmen können, sowohl innen als auch außen. Die nach innen gerichtete Aufmerksamkeit nennt man *»Innere Achtsamkeit«*. Die auf vielen Darstellungen Buddhas auffallend langen Ohrläppchen werden manchmal als Symbol für dieses nach innen gerichtete Ohr gedeutet.

Die Außenwelt wird mittels der *»Fünf-Sinne-Achtsamkeit«* wahrgenommen:

Man kann sehen, man kann hören und bewusst Stimmen, Klänge oder Geräusche wahrnehmen oder aber auch auf die Stille in den Pausen lauschen. Man kann tasten, riechen und schmecken.

Ich erlebe mit allen Sinnen

Die Wahrnehmungsformen der Innen- und Außenwelt haben Entsprechungen: Die buddhistische Psychologie nennt die Wahrnehmung der »Geistesobjekte« in der Innenwelt den *sechsten Sinn*. In Entsprechung zum Sehen finden sich im Inneren Bilder, deren Auftauchen und Verschwinden man wie auf einem inneren Bildschirm beobachten kann. Beim Lauschen nach innen begegnet man inneren Stimmen oder auch innerer Ruhe. Und dem nach außen gerichteten Tastsinn entspricht die Binnenwahrnehmung des Körpers.

Fünf Möglichkeiten der Fokussierung

Die Richtung der Aufmerksamkeit bestimmt den Ausschnitt der Welt, der wahrgenommen wird und welche Erfahrungen damit möglich werden. Der amerikanische Zen-Mönch Shinzen Young[6], der sich um die zeitgemäße Formulierung buddhistischer Lehren bemüht, unterscheidet fünf mögliche Fokussierungen:

Der *»Fokus Außen«* schafft sinnlichen Kontakt mit anderen Menschen, mit der Natur, mit vielem, was Freude macht und gut tut. Er hilft, unheilsame Gedanken in den Hintergrund treten zu lassen. Eine übermäßige Außenfokussierung führt allerdings dazu, sich selbst und seine Innenwelt zu vernachlässigen.

Der »*Fokus Innen*« ermöglicht den Kontakt mit dem eigenen Körper und den eigenen Bedürfnissen. Man verspürt Lust, lauscht der Intuition, nimmt Gefühle wahr, um ihre Botschaften zu hören. Auf der anderen Seite kann es belastend sein, wenn negative Gedanken oder heftige Gefühle das Leben dauerhaft beherrschen.

Der »*Fokus Ruhe*« führt in angenehme Zustände von Entspannung, man kann abschalten und auftanken. Ruhe tritt dann ein, wenn man auf jene Wahrnehmungen fokussiert, die mit Ruhe verbunden sind: Bilder der Kraft, positive Gedanken oder die Stille außen und die Ruhe innen. Körperlich sind dies Empfindungen wie angenehme Wärme, Schwere oder auch innerer Friede, Leichtigkeit und Weite.

Der »*Fokus Wandel*« wirkt auf den ersten Blick gewöhnungsbedürftig. Dabei gilt die Aufmerksamkeit allen Veränderungen, die bei genauer Beobachtung fast immer zu finden sind. So geht ein unangenehmes Jucken beim Sitzen von selbst vorbei, wenn man dem Impuls, sich zu kratzen, nicht unmittelbar folgt. Auch Schmerzen verändern sich bei genauer Betrachtung oder rücken in den Hintergrund, wenn man etwas anderes in den Vordergrund nimmt. Der Fokus Wandel ermöglicht die unmittelbare Erfahrung einer universellen Eigenschaft der Welt: Alles verändert sich. Diese Einsicht kann schmerzlich, manchmal aber auch tröstlich sein.

Der »*Fokus Positives*« kultiviert Zustände wohlwollenden Akzeptierens und liebevollen Betrachtens. In buddhistischen Traditionen werden Zustände von »Liebender Güte« eingeübt. Dazu hilft, sich die Gegenwart eines liebevollen und geliebten Menschen vorzustellen. Das entstehende Feld kann ausgeweitet werden auf andere Menschen, die man liebt und auf neutrale Personen. In weiteren Schritten werden Menschen mit einbezogen, mit denen man es schwer hat und schließlich die ganze Welt mit allen fühlenden Wesen.

Unabhängig von den Objekten der Wahrnehmung kann das vom Scheinwerferkegel der Aufmerksamkeit beleuchtete Feld groß oder klein sein. Die gebündelte Konzentration auf einen Aspekt eines einzelnen Objekts nennt die buddhistische Psychologie *»Einspitzigkeit«*. Den anderen Pol, eine für alle Wahrnehmungen offene, weite Aufmerksamkeit, nennt sie *»panoramische Aufmerksamkeit«*. Man kann die Aufmerksamkeit aber auch bewusst *teilen*, etwa Objekte der Innen- und Außenwelt gleichzeitig wahrnehmen, wie das in der *Übung »Achtsam Innen und Außen wahrnehmen« (S. 118; Übung 5/CD 1)* angeleitet wird. Die Aufmerksamkeit kann bei einem Objekt verweilen, sie kann aber auch bewusst gesteuert *rotieren* oder nacheinander unterschiedliche Wahrnehmungsfelder abtasten, wie beim *Bodyscan (S. 107; Übung 2/CD 1)*.

Atmen als Objekt

»Wie nun, o Mönche, weilt der Mönch beim Körper in Betrachtung des Körpers? Da ist hier, o Mönche, der Mönch in den Wald gegangen, an den Fuß eines Baumes oder in eine leere Behausung. Er setzt sich nieder, mit verschränkten Beinen, den Körper gerade aufgerichtet, die Achtsamkeit vor sich gegenwärtig haltend, und achtsam eben atmet er ein, achtsam atmet er aus.«[7]

So beginnt der Abschnitt über die Körperbetrachtung in Buddhas Satipatthâna-Sutta, der »Lehrrede von den Grundlagen der Achtsamkeit«. Aber nicht nur in buddhistischen Traditionen, sondern auch im Yoga und auf anderen Wegen der Geistesschulung nimmt die Arbeit mit dem Atem eine zentrale Rolle ein. Sie schult die Konzentrationsfähigkeit und ist heilsam für den Körper.

Es gibt viele Gründe, warum sich die Atmung als Objekt der achtsamen Aufmerksamkeit besonders gut eignet: Die Atmung ist Ausdruck von Lebendigkeit und in jedem Augenblick des Lebens verfügbar. Es fällt außerdem leichter, mit der Aufmerksamkeit auf Objekten zu verweilen, die sich verändern, als auf scheinbar gleichbleibenden. Die Lunge ist das größte Organ des Körpers, die Atmung durchströmt den Kopf, bewegt Brustkorb, Bauch und den ganzen Körper. Sie ist mit allen Sinnen wahrnehmbar, ist aber den Atmenden nur selten oder gar nicht bewusst.

Eine Besonderheit der Atmung besteht darin, dass sie einerseits während des Schlafens oder die meiste Zeit des Tages automatisch funktioniert und andererseits auch bewusst kontrolliert werden kann. Für viele Menschen ist es anfangs gar nicht so leicht, die Atmung einfach nur zu beobachten, *ohne* sie zu beeinflussen oder zu kontrollieren. Dieses Zulassen, dieses Fließen-Lassen, kann bei der Atembeobachtung geübt werden. Zugleich wird erfahrbar, dass sich die Atmung allein durch die Beobachtung verändert, auch ohne Absicht.

Die Atmung *verbindet* durch den ständigen Austausch Innen und Außen, man nimmt auf und gibt ab. Ein vollständiger Atemzyklus besteht aus vier Abschnitten: dem Einatmen, der kleinen Pause nach dem Einatmen am oberen

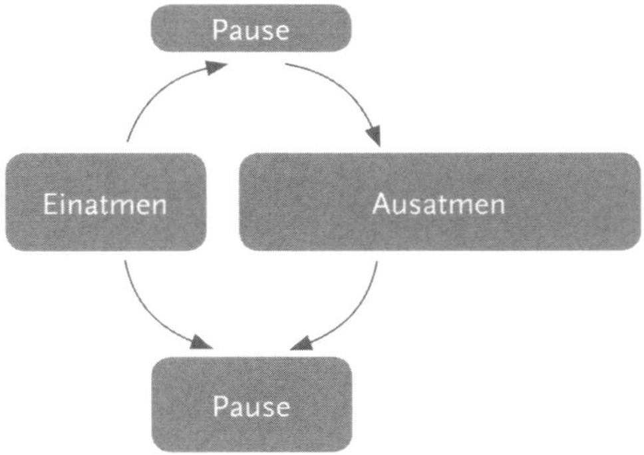

Umschlagspunkt, dem Ausatmen und der Pause nach dem Ausatmen. Beim Einatmen nimmt der Körper Sauerstoff und Energie auf. Der Sympathikus, der auf Handeln vorbereitende Teil des vegetativen Nervensystems, wird aktiviert. Beim Ausatmen gibt der Körper verbrauchte Luft ab, man lässt los und der Parasympathikus tritt in den Vordergrund. Das ist jener Teil des Nervensystems, der für Ruhe zuständig ist. Auf diese Weise ist jeder Atemzug ein Zyklus von *Aktivierung und Erholung*. Spezielle Aufmerksamkeit verdient auch die Pause nach dem Ausatmen. In ihr kann für einige Augenblicke das Innehalten, die Stille und das Nicht-Tun erfahren werden.

Dieses feine Wechselspiel der beiden Gegenspieler des vegetativen Nervensystems führt dazu, dass das Herz beim Einatmen ein wenig schneller schlägt, beim Ausatmen etwas langsamer. Die sich aus diesen kleinen Unterschieden ergebende *Herzratenvariabilität* wird als Maß für eine gute Balance zwischen Spannung und Entspannung und damit als Indikator für Gesundheit herangezogen. Ein Zustand mit großer Herzratenvariabilität hat für den gesamten Organismus eine heilsame Wirkung. Bei den meisten Menschen stellt sich dieser Zustand bei etwa sechs Atemzügen pro Minute ein, bei anderen bei einer Frequenz von neun oder zwölf. So gibt es Gesundheitsempfehlungen, eine bestimmte Atemfrequenz oder ein bestimmtes Verhältnis zwischen Ein- und Ausatmung anzustreben. Wie hier die Achtsamkeit verstanden wird, geht es aber eben *nicht* darum, einen bestimmten Rhythmus oder ein bestimmtes Verhältnis zwischen Einatmungs- und Ausatmungsphase vorzugeben. Nur der Verzicht auf jede Vorstellung davon, wie die Atmung zu sein hat, ermöglicht es dem Körper, seinen individuellen, für den jeweiligen Augenblick passenden Atemrhythmus zu finden. Auf der anderen Seite ist es durchaus auch sinnvoll, mit Variationen des Rhythmus zu experimentieren, um den Spielraum der eigenen Möglichkeiten zu erweitern und herauszufinden, was wann gut tut. Dabei stellt sich dann mit der Ruhe oft von selbst ein Rhythmus von etwa sechs oder neun Atemzügen pro Minute ein.

Welchem Teil des Atemzyklus man eine besondere Aufmerksamkeit schenkt, wirkt sich auf die gesamte körperlich-psychische Selbstregulation aus. Wenn man etwa die Ausatmungsphase oder die Pause nach dem Ausatmen fokussiert, führt das meist zu einer Verlangsamung des Atemrhythmus und damit zu einer Beruhigung des Gesamtsystems. Die *Übung »Achtsames Experimentie-*

ren mit dem Atem« (S. 128; Übung 1/CD 2) lädt dazu ein, das für sich selbst zu überprüfen.

Beim Atmen werden die automatischen Zusammenhänge von körperlichen und psychischen Vorgängen unmittelbar erfahren. Bei Aufregung, Angst oder Gedanken an etwas Unangenehmes atmet man mehr in den Brustkorb, schneller und oberflächlicher. Wenn der Geist zur Ruhe kommt, vertieft sich die Atmung meist von selbst, sie wird langsamer und fließt mehr in den Bauchraum. Umgekehrt geht die Konzentration auf den Atem und die damit verbundene Verlangsamung und Vertiefung der Atmung mit einer Beruhigung des Geistes einher. Die Pausen zwischen den Gedanken werden länger.

Der Körper als Objekt

»Und weiter noch, o Mönche: Gehend weiß da der Mönch: ›Ich gehe‹; stehend weiß er: ›Ich stehe‹; sitzend weiß er: ›Ich sitze‹; liegend weiß er: ›Ich liege‹.«[8]

So setzt Buddha die Lehrrede zur Körperbetrachtung und den vier Körperhaltungen fort. Achtsamkeit, so sagt er, ist in *jeder* Haltung des Körpers möglich. Man muss nicht auf einem Meditationshocker sitzen, um achtsam zu sein.

Die Beobachtung des Atems ist der Einstieg in die Übung der Körperwahrnehmung. Man kann sich natürlich fragen, wozu soll man sich überhaupt dem eigenen Körper zuwenden und ihm wohlwollende Aufmerksamkeit schenken? Wir wollen diese Frage zunächst aus der Sicht der Körperpsychotherapie[9] beleuchten. Der Körper ist aus ihrer Sicht der Ort, an dem sich das Leben abspielt. Hier bildet sich unser Selbst, hier nehmen wir die Welt und uns selbst wahr, hier spüren und fühlen wir. Und auch die Forschungsergebnisse der Neurowissenschaften[10] verdeutlichen, wie sehr Selbsterleben und Gefühle mit der Körperwahrnehmung zusammenhängen und wie Gehirn und Körper eine untrennbare Funktionseinheit bilden. Im Englischen gibt es eine Wortneuschöpfung, die versucht, diese Einheit zu verdeutlichen. Dazu werden die Worte für Körper und Geist als »Bodymind« zusammengeschrieben. Im Deutschen gibt es ein althergebrachtes Wort, das eben diesen beseelten Körper meint: *Der Leib.* Wir verwenden dieses Wort in unseren Anleitungen speziell dann, wenn wir diesen beseelten Körper betonen wollen, eben »den Leib, der ich bin«, im Gegensatz zum rein materiellen »Körper, den ich habe«.[11] Dies lässt die Vorstellung anklingen, dass »Ich« etwas anderes sei als mein Körper, etwas anderes als der Körper als Ding, als ein Objekt der Bewertungen, das man etwa beherrschen, gestalten, vergöttern oder ablehnen kann. Die Perspektive der Achtsamkeit ermöglicht zu beobachten, dass »Ich« in jeder Zelle enthalten bin, in jedem Atemzug, in jeder Bewegung.

Ich bin nicht mein Körper

Achtsamkeit zielt auf die Herangehensweise, den Körper *von innen her* zu spüren – einzelne Teile, aber auch immer wieder das Ganze. Dabei wird ein Weg vom Beobachten des Körpers und seiner Teile hin zum Erfahren des Leibes aufgezeigt, zum Leib-Sein, der ich (auch) bin. Unsere Anleitung des *Bodyscan* betont diesen Aspekt.

Es gibt weitere gute Gründe, dem Körper Aufmerksamkeit zu schenken: die körperlichen *Grundbedürfnisse* bilden die Basis einer Bedürfnispyramide. Diese Bedürfnisse gilt es wahrzunehmen und wenn möglich zu erfüllen. So beginnt beispielsweise die Entwicklung von *Burnout* mit einer subtilen, manchmal schwerwiegenden Vernachlässigung wichtiger Bedürfnisse. Man vergisst vor lauter Arbeit genug zu trinken, immer wieder kleine Entspannungs- und Bewegungspausen einzulegen, an die frische Luft zu gehen, natürliches Licht zu tanken oder man bekommt nicht mehr genug Schlaf. Man bemerkt nicht, wenn die Grenzen der Leistungsfähigkeit erreicht sind. Regeneration findet kaum noch statt. Der Körper sendet entsprechende Signale, aber sie werden nicht empfangen.

Differenzierte Körperwahrnehmung ist auch die Grundlage für »*emotionale Intelligenz*«. Hier werden Gefühle als Signale betrachtet, die zu hören und zu verstehen sinnvoll ist. Es gibt Menschen, die beispielsweise bei drohendem Arbeitsplatzverlust das schnellere Schlagen ihres Herzens wahrnehmen, dieses aber nicht als Bestandteil von Angst verstehen. Sie gehen dann zum Arzt, statt sich ihrer Angst zuzuwenden. Solchen Menschen verhilft Achtsamkeitsschulung zunächst einmal dazu, Gefühle überhaupt wahrzunehmen, sie zu differenzieren, zu benennen und damit auch verstehen zu können. Die Basis dafür stellt die Übung der Körperwahrnehmung her.

Der Körper ist die Bühne, auf der sich mein Leben abspielt

Neben den bekannten fünf Sinnen und dem sechsten zur Wahrnehmung der »Geistesobjekte« haben Menschen einen weiteren, *»siebten Sinn«*[12]*:* den *Beziehungssinn*. Dieses »Sinnesorgan« nimmt wahr, wie andere Menschen zu einem stehen, was sie fühlen und was ihre Intentionen sind. Sind sie freundlich gesonnen, kann man sich mit ihnen sicher fühlen und entspannen? Geht von ihnen eine Gefahr aus, muss man auf der Hut sein? Diese Wahrnehmungen werden vom Körper gemeldet, oft ohne dass man sie rational begründen oder gar erklären kann.

Gedanken als Objekte

Descartes programmatische Aussage – »Ich denke, also bin ich« – beschreibt die große Bedeutung der Vernunft und des Denkens in der Moderne. Die Fähigkeit vernunftbegabt zu denken ist ein großes Geschenk. Sich zu sehr darauf zu beschränken kann uns aber auch von uns selbst trennen und vom Kontakt mit der tatsächlichen, physischen Welt. Aber haben Menschen überhaupt die freie Wahl, zu denken oder nicht zu denken? Die Aufforderung, *nicht* an einen rosaroten Elefanten zu denken, macht schnell klar, was passiert, wenn man nicht an ihn denken will: Er rückt noch mehr in den Vordergrund. Man kann ihn kaum abschütteln. Verbotene und vermiedene Gedanken haben eine ganz besondere Anziehungskraft.

Was geschieht nun, wenn man eine Versuchsperson unter einen Gehirnscanner legt und ihr nicht etwa die Anweisung gibt, eine Rechenaufgabe zu lösen oder den Atem zu beobachten, sondern einfach nur eine Weile nichts zu tun? Der Bildschirm, der den Energieverbrauch bestimmter Hirnareale abbildet und damit Aufschluss über deren Aktivität gibt, wird in unterschiedlichen Farben leuchten. Das Gehirn ist somit auch beim Nichts-Tun höchst aktiv. Wenn man die Versuchsperson schließlich fragt, was in dieser Zeit in ihr vorgegangen ist, wird sie erzählen, dass sie über alles Mögliche nachgedacht hat, über Vergangenes und Zukünftiges. Der Zustand, in dem sie sich befindet, wird als *»Default-Modus«* bezeichnet. Das Wort »default« stammt aus der Computersprache und bezeichnet die vom Hersteller bestimmte Voreinstellung einer Software, ihre »Standardeinstellung«. Man geht davon aus, dass diese »Standardeinstellung des Gehirns«, das automatische Nachdenken über sich selbst und die Welt einen evolutionären Vorteil hat. Ein Lernen aus der Vergangenheit und ein vorausschauendes, planendes Denken sichert das Überleben. Die persönlichen Erfahrungen in eine zusammenhängende, Sinn machende Geschichte einzubetten und sich diese immer wieder neu zu erzählen, konstruiert ein Ich und trägt zu einem Gefühl von dessen Kontinuität und Konstanz bei.

Gezieltes Nachdenken ist dann sinnvoll, wenn man ein Projekt oder die Tagesgestaltung plant. Aus der Perspektive der Achtsamkeit ist es ein Gewinn, wenn Gedanken als Gedanken erkannt werden. Denn sie sind nicht die Realität. Doch ihre automatisierten Abläufe können uns Realitäten vorgaukeln und uns in Zuständen halten, die eher schaden als nützen: z. B. die

Ich muss nicht alles glauben, was ich denke

düsteren depressiven Vorahnungen oder gar scheinbare Gewissheit darüber, was die Zukunft bringen wird oder ein Grübeln darüber, was im Leben alles schief gegangen ist, was alles nicht möglich war und wie man von anderen Menschen enttäuscht wurde.

Ich bin nicht meine Gedanken

Wenn im Zustand der Achtsamkeit Gedanken auftauchen, kann man sie als Gedanken erkennen, sie eventuell benennen und mit der Aufmerksamkeit wieder zum gewählten Fokus zurückkehren. Da ein wacher innerer Beobachter zur Disidentifikation von den beobachteten Gedanken führt, bemerkt der Übende, dass das Beobachtete nicht »Ich« sein kann. Denn das »Ich« weilt dann im Beobachter. Ich bin nicht meine Gedanken. Stattdessen kann ich dem Entstehen, dem Vorbeiziehen und dem Vergehen der Gedanken mit immer mehr Gelassenheit zuschauen. Was ich über mich, die Anderen und die Welt denke, sieht dann nicht mehr wie die Wahrheit aus, sondern einfach wie irgendein interessanter Gedanke. Ich kann meine Gedanken als Konstrukte erkennen.

Im klassischen Verständnis der Achtsamkeit wäre damit ein wichtiges Ziel erreicht. Im Sinne der Selbsterforschung ist es aber darüber hinaus interessant, welchen Inhalt, welchen autobiografischen Hintergrund und welche konkreten Auswirkungen die Gedanken haben. Besonders dann, wenn ein *Inhalt* immer wieder auftaucht und noch dazu mit quälenden Gefühlen verbunden ist. Es stellen sich dann einige Fragen: Welches Thema aus meinem Inneren sucht nach Aufmerksamkeit? Wäre es sinnvoll, sich ihm bewusst zuzuwenden? Ist es etwas Bedeutsames, das in einem Gespräch mit einem nahen Menschen, in einem Coaching oder in einer Psychotherapie einen geeigneten Rahmen finden würde? An solchen Punkten ist es oft auch möglich, mit sich selbst unterstützend und heilsam umzugehen. Darauf beziehen sich einige Übungen auf der zweiten CD.

Wenn man aus dem Nachdenken, den inneren Erzählungen oder Streitgesprächen aussteigen und den Default-Modus verlassen will, kann man bewusst in den achtsamen wahrnehmungs- oder erfahrungsbezogenen Modus umschalten. Dabei ist die bewusste Fokussierung auf die Wahrnehmung des Körpers und der gegenwärtigen Erfahrung eine große Hilfe. Man hält sich dann bei dem auf, was gegenwärtig ist, anstatt sich innerlich Geschichten zu erzählen. Die beiden Zustandsformen lassen sich auch durch jeweils charakteristische Aktivierungsmuster im Gehirn unterscheiden: Versuchspersonen, die Achtsamkeit trainiert haben, können leichter in den erfahrungsbezogenen Modus umschalten. Sie verlieren sich weniger in Geschichten, wenn sie versuchen, die gegenwärtige Erfahrung zu beobachten.[13] So kann Achtsamkeit bei entsprechender Übung den Default-Modus hemmen.[14]

Gefühle als Objekte

Gefühle steuern menschliches Verhalten. Sie bestimmen, ob man sich einer Sache zuwendet, sich abwendet oder flieht. Sie funktionieren lebenserhaltend, indem sie signalisieren, was zu tun ist. Einige Beispiele:

- Angst enthält Informationen darüber, ob eine Gefahr droht.
- Im Zusammensein mit anderen Menschen unterscheidet das Bauchgefühl, ob man sich sicher und geborgen fühlen kann oder ob irgendetwas nicht stimmt.
- Etwas Neuem kann man sich mit neugierigem Interesse zuwenden.
- Man strebt mit Freude dem Wiedersehen eines geliebten Menschen entgegen oder etwas, das Selbstwert vermittelt und Sinn gibt.
- Wut wird spürbar, wenn Grenzen verletzt werden oder man an etwas Wichtigem gehindert wird. So werden Energien mobilisiert, sich abzugrenzen oder sich durchzusetzen.
- Schuldgefühle stellen sich ein, wenn man meint, etwas Falsches getan zu haben und es kann die Bereitschaft entstehen, etwas auszugleichen.
- Wenn man voller Verachtung angeschaut und beschämt wird, kann Druck entstehen, anders zu sein.

Die Übung der Achtsamkeit wirkt in unterschiedlichen Richtungen auf das Gefühlsleben. In buddhistischen Traditionen ist die Entwicklung von *Mitgefühl* von großer Bedeutung. Dabei ist nicht nur Mitgefühl mit anderen Wesen gemeint, sondern ganz selbstverständlich auch Mitgefühl mit sich selbst. Achtsamkeitsschulung führt auch dazu, Gefühle feiner und differenzierter wahrzunehmen. Achtsamkeit ist aber auch ein Weg zur *Gefühlsregulation,* zu mehr Gelassenheit und der Fähigkeit, nicht von ihnen überschwemmt zu werden. Dafür ist wieder Disidentifikation der zentrale Mechanismus, denn er zeigt: Ich bin nicht meine Gefühle. Genau wie Gedanken kann man seine Gefühle beobachten, und was beobachtet werden kann, das kann nicht Ich sein – denn ich bin der Beobachtende. So wird geübt, die Gefühle »einfach« nur zu beobachten, wie sie kommen und wieder gehen. In einer gestärkten Beobachterhaltung ist es möglich, nicht unmittelbar und automatisch zu handeln. In einer kleinen Pause des Innehaltens kann man entscheiden, Impulsen zu folgen oder nicht. So hat es in einer Untersuchung Menschen mit aggressiven Durchbrüchen geholfen, die Wut zu regulieren, wenn es ihnen gelang, sich auf die Fußsohlen zu konzentrierten und den Bodenkontakt wahrzunehmen.

Ich bin nicht meine Gefühle

Bildgebende Verfahren zeigen[15], dass ein *Benennen* von Gefühlen es leichter macht, mit ihnen umzugehen. Während Versuchspersonen im Magnetresonanztomographen lagen, zeigte man ihnen Fotografien von Gesichtern mit starkem Gefühlsausdruck. Eine Gruppe sollte den abgebildeten Menschen Namen zuordnen, eine andere Gefühle. Bei jenen Versuchspersonen, welche die zu den Gesichtern passenden Gefühlsbegriffe auswählten, waren die Mandelkerne weniger aktiviert. Dies sind Zentren im Gehirn, die beim Erleben von Gefühlen, speziell von Angst eine wesentliche Rolle spielen. Dagegen sind jene Regionen, welche die Alarmreaktionen hemmen können, bei höherer Achtsamkeit stärker aktiviert.

Gefühle enthalten Erfahrungswissen und können komplexe Entscheidungsfindungen unterstützen. Gefühle können aber auch für die aktuelle Situation unangemessen sein und in die Irre führen. Das gefühlsmäßige Warn- und

Alarmsystem des Körpers arbeitet sehr schnell, automatisch und reflexhaft, dafür aber ungenau. Im Laufe des Lebens verdichtet sich aus den gemachten Erfahrungen eine begrenzte Anzahl von Reaktionsschemata. Der Großteil dieser Schemata bezieht sich auf die Beziehungen zu anderen Menschen. Wenn jemand etwa von früh auf immer wieder die Erfahrung gemacht hat, dass andere Menschen seine Bedürfnisse nicht wahrnehmen und respektieren, wird sich möglicherweise, ohne dass sich dieser Mensch darüber bewusst wird, ein empfindsamer Teil in ihm zurückziehen und sich scheuen, zu vertrauen und sich zu öffnen. Dieses nicht bewusste, aus Erfahrung erworbene »Wissen« kann aber erforscht und damit einer Veränderung zugänglich gemacht werden. Wenn man beispielsweise in der *Übung der »Achtsamkeit in der Begegnung zu zweit: Eine Berührung« (S. 145; Übung 6/CD 2)* bemerkt, dass der Körper die automatische Tendenz hat, sich ganz subtil und daher nur in Achtsamkeit spürbar abzuwenden, sobald die Hand der anderen Person näher kommt, wird solch ein nicht bewusstes Wissen sichtbar. So wird es möglich, wie aus einer erhöhten Position die Spuren der eigenen Geschichte zu erforschen und herauszufinden, welche intuitiven Sichtweisen und Bilder der Welt, der eigenen Person und anderer Menschen aus dieser Geschichte entstanden sind. Das daraus entstehende Verständnis der eigenen Welt macht es dann – wie am obigen Beispiel ausgeführt – leichter, seinen »scheuen« Anteil zu akzeptieren. In späteren, ähnlichen Situationen wird es dann auch einfacher, diesem Anteil wach zu begegnen, gut mit ihm umzugehen und neues Verhalten auszuprobieren. Bei der *»achtsamen Einladung und Erforschung eines Persönlichkeitsanteils«*

(S. 138; Übung 4/CD 2) wird eine solche Begegnung angeleitet. Falls es sich dabei um einen besonders verletzten Teil handelt und daher ein guter Umgang zu schwierig ist, kann man auch die Hilfe eines Coaches oder eines Psychotherapeuten in Anspruch nehmen.

Integration der Beobachtungsebenen

Menschen, die einen systematischen Übungsweg[16] wählen, können aufeinander aufbauend und schrittweise fünf Erlebensebenen miteinander verbinden und integrieren: Zunächst wendet man sich dem *Körper* zu und übt, aufrecht und entspannt zu sitzen und dabei den Körper wahrzunehmen. Auf der nächsten Ebene kommt die Beobachtung des *Atmens* dazu. Dann wird die Beobachtung der Atmung mit einer umfassenderen Körperwahrnehmung verknüpft. Auf der dritten Ebene wird das Beobachten von *Gefühlen* kultiviert. Dies regt die Entwicklung von Gleichmut aber auch von Mitgefühl an. Die Integration erfolgt, indem die emotionalen Qualitäten mit den Körperempfindungen und der Atmung verbunden werden. Die vierte Ebene betrifft *Gedanken, Erinnerungen und innere Bilder* und ihre Verknüpfung mit den drei anderen Ebenen. Gedanken werden als Gedanken erkannt und ihre Auswirkungen beobachtet. Auf der fünften Ebene wird ein *ganzheitliches Seins-Gefühl* gefördert, bei dem die Bewusstseinsinhalte all dieser Ebenen gleichermaßen beobachtet und präsent gehalten werden.

WOZU ACHTSAMKEIT: DIE AUSWIRKUNGEN DER PRAXIS

Konzentration, Klarheit und Gleichmut

Die Auswirkungen einer konsequenten Achtsamkeitspraxis lassen sich nach Shinzen Young[17] in drei Begriffen zusammenfassen: Konzentration, Klarheit und Gleichmut.

Konzentration meint die Fähigkeit, die Aufmerksamkeit auf das zu richten, was man ausgewählt hat, ohne abgelenkt zu werden. Mit jedem Zurückbringen des wandernden Geistes zum gewählten Fokus wird sie beständig gestärkt.

Mit der Fähigkeit, immer genauer und ausdauernder bei einem Objekt zu verweilen, wächst auch die Empfindlichkeit des »Forschungsinstrumentes« Achtsamkeit. Achtsamkeit ist mit einem Mikroskop vergleichbar, mit dem man etwas sehen kann, was mit bloßem Auge nicht wahrnehmbar ist. So erkennt man nur mit optischen Hilfsmitteln, dass der menschliche Körper aus einzelnen Zellen aufgebaut ist. Entsprechend hilft Achtsamkeit bei der Erforschung des Geistes, die einzelnen Bausteine zu differenzieren, aus denen sich die Innenwelt in jedem Augenblick ganz automatisch konstruiert. Man erlangt *Klarheit und Einsicht* über die Funktionsweisen des Innenlebens.

Achtsamkeit weckt Neugier für das Leben

In Coaching, Beratung und Psychotherapie wird Achtsamkeit auch zur Erforschung der Innenwelt eingesetzt. So wird in der Hakomi-Methode mittels kleiner Experimente die Selbstorganisation untersucht. Ein Beispiel für ein solches Experiment ist die *Übung der achtsamen Selbstberührung (siehe S. 125; Übung 7/CD 1)*. So berichtete beispielsweise ein Psychotherapie-Klient, bei dieser Berührung sei in ihm eine tiefe Traurigkeit aufgestiegen. Die daraufhin angeleitete achtsame Wahrnehmung der Traurigkeit führte beim Blättern im Buch seiner Lebensgeschichte in Situationen, in denen er immer wieder allein gelassen worden war und die damals mit niemandem besprochen und von niemandem verstanden werden konnten. In der Zusammenarbeit mit dem Therapeuten war es möglich, das nachzuholen. Das gemeinsame einfühlende Verstehen wirkte sich erlösend und heilend aus.

Die Achtsamkeitspraxis führt zu *Ruhe* und Gelassenheit im gegenwärtigen Moment. Wenn man dann während des Tages gelegentlich innehält – speziell wenn man ruhelos wird – bemerkt man die Lerneffekte der täglichen Praxis: Es wird zunehmend leichter, aus dem Laufen im Hamsterrad auszusteigen. Dieses Innehalten kann ein erster Schritt des Gewahrwerdens dessen sein, was im Moment ganz genau vorgeht, innen und außen. Ein zweiter Schritt wären einige Sekunden der Ausrichtung auf Ruhe. Ruhe entsteht, wenn es gelingt, zwischen Impuls und Handlung eine kleine Pause einzulegen. Diese erhöht die Wahrscheinlichkeit, dass Handlungen vermieden werden, die sich problematisch auswirken *(siehe »Sanduhrübung«, S. 150)*.

Gelassenheit ist auch ganz wesentlich Folge von Disidentifikationsprozessen, die vom inneren Beobachter ausgehen. Immer wenn es gelingt, in der Beobachterhaltung zu bleiben, findet man eine größere Distanz zu Gedanken und

Gefühlen. Sie verlieren an Gewicht. Die Präsenz eines inneren Beobachters zeigt sich dann auch im Denken und in der Sprache: Aus: »Ich bin unfähig« wird ein: »Da meldet sich der Gedanke, ich sei unfähig«. Aus einem »Ich bin wütend« wird ein »Ich bemerke, wie aus dem Bauch ein Gefühl von Wut aufsteigt« und aus einem »Ich bin traurig« ein »Da ist Traurigkeit in mir«.

Vertiefung im Verlauf längerer Praxis

Der Psychologe und Meditationsforscher Harald Piron[18] befragte Meditationslehrer und -lehrerinnen mit mehr als 20 Jahren Übungspraxis. Um eine Landkarte von möglichen Bewusstseinsveränderungen durch langjährige Meditationspraxis erstellen zu können, bat er sie um die Einstufung typischer Erfahrungen hinsichtlich ihrer jeweiligen Tiefe. Die entsprechenden Beschreibungen entnahm er klassischen Texten buddhistischer, christlicher, hinduistischer und daoistischer Traditionen. Es ergaben sich fünf Stufen:

1. Hindernisse: Unruhe, Langeweile, Motivations- und Konzentrationsprobleme.
2. Entspannung: Wohlbefinden, ruhige Atmung, wachsende Geduld, Ruhe.
3. Konzentration: Achtsamkeit, kein Anhaften an Gedanken, innere Mitte, Energiefeld, Leichtigkeit, Einsichten, Gleichmut, Frieden.
4. Essenzielle Qualitäten: Klarheit, Wachheit, Liebe, Hingabe, Verbundenheit, Demut, Gnade, Dankbarkeit, Selbstakzeptanz.
5. Nicht-Dualität: Gedankenstille, Einssein, Leerheit, Grenzenlosigkeit, Transzendenz von Subjekt und Objekt.

Studien zur Wirkung von Achtsamkeit auf Körper und Psyche

Eine ständig wachsende Zahl internationaler Studien belegt eine erstaunliche Vielfalt von Wirkungen der Achtsamkeitspraxis. Diese reichen von Einzelfallbeobachtungen bei lebenslang meditierenden Mönchen bis hin zu klinischen Studien. Am intensivsten erforscht sind das achtwöchige MBSR-Programm nach Jon Kabat-Zinn und dessen störungsspezifischen Weiterentwicklungen. Hier eine kleine Auswahl von Studienergebnissen:

Achtsamkeit reduziert beruflichen Stress und Burnout-Gefährdung bei Allgemeinärzten, bei Krankenpflegepersonal, Studenten und pflegenden Angehörigen. Bei Behandlungs-Teams in der Psychiatrie erhöht sich die Zufriedenheit der Mitarbeiter und der Patienten. Drogenberater sind ihren Klienten gegenüber weniger abwertend. In Achtsamkeit geschulte Psychotherapeuten sind erfolgreicher, Ärzte empathischer und emotional stabiler.

Achtsamkeitsschulung vermehrt positive Emotionen und Wohlbefinden und reduziert Angst und Depression bei Angstkranken, Depressiven und bei älteren Menschen. Sie verringert bei depressiven Erkrankungen auch die Rückfallrate und vermindert die Symptomatik bei Zwangskranken. Frauen nach Brustkrebs haben nach Absolvierung eines Achtsamkeitsprogramms weniger Angst und Depression und weniger körperliche Beschwerden. Sie bewältigen ihre Krankheit besser, haben mehr Selbst-Mitgefühl und eine höhere Lebensqualität. Sie schlafen besser, ihre Stimmung ist positiver. Gesundheit wird durch ein Gefühl von Sinnhaftigkeit gefördert.

Bei Gefängnisinsassen, die Achtsamkeit üben, verringern sich Feindseligkeit, Stimmungsschwankungen und Substanzmissbrauch, das Selbstwertgefühl steigt. Bei Drogenabhängigen verringert sich die Dosis der konsumierten Drogen. Übergewichtige Menschen können mithilfe von Achtsamkeit abnehmen. Alkoholkranke profitieren von entsprechend adaptierten Programmen, indem sie lernen, dem Alkohol-Verlangen nicht unmittelbar nachzugeben, sondern im Beobachten zu bleiben. Schmerzpatienten haben eine höhere Lebensqualität und weniger Schmerzen.

Körperliche Auswirkungen zeigen sich in der Abnahme von Stresshormonen und in der verbesserten Funktion des Immunsystems. Absolventen eines Achtsamkeitstrainings bilden nach einer Grippeimpfung mehr Antikörper als Personen in einer Kontrollgruppe. Das Immunsystem von HIV-Infizierten ist nach einem Achtsamkeitstraining aktiver.

Bildgebende Verfahren zeigen die neurobiologischen Komponenten von Zuständen der Achtsamkeit und Auswirkungen eines entsprechenden Trainings auf das Gehirn. Die Aktivität im präfrontalen Cortex mit seinen steuernden Funktionen nimmt zu, die Aktivität der Amygdalae nimmt z. B. bei Angstreaktionen ab *(siehe Amygdala, S. 158)*. Bei langjähriger, regelmäßiger Meditationspraxis nimmt in bestimmten Bereichen die Dicke der Hirnrinde altersbedingt weniger ab als bei Nicht-Meditierenden. Die Messung von Gehirnströmen zeigt mehr Aktivität in Regionen, die beim Erleben positiver Emotionen beteiligt sind. Bei Mönchen mit langjähriger Meditationserfahrung zeigen sich Synchronisationsmuster, die bei untrainierten Gehirnen nicht vorkommen.

Wirkmechanismen von Achtsamkeit

Natürlich wird auch diskutiert und erforscht, auf welche Weise Achtsamkeit diese beeindruckenden Wirkungen entfaltet. Dabei ist zunächst die Tatsache wesentlich, dass Achtsamkeit ein Zustand ist, in dem bestimmte geistige Fähigkeiten zugänglich und besondere Leistungen möglich sind. Im Zentrum steht der *Perspektivenwechsel* – das Einnehmen einer Beobachterposition und die damit verbundene Disidentifikation. Man verändert nicht unbedingt Gedanken oder Gefühle direkt, sondern die Beziehung zu ihnen. Diese Beziehung ist durch ein teilhabendes und zugleich wohlwollendes Beobachten charakterisiert. Man erlebt sich nicht mehr als das Zentrum der Gefühle und Gedanken und auch nicht mehr als ihr Ausgangspunkt. Man verwickelt sich nicht so leicht in widerstreitenden Aspekten, sondern gewinnt Abstand und beobachtet sie wie von außen. Diese Perspektive ermöglicht ein verändertes Wahrnehmen. Neue, »korrigierende« und heilsame Erfahrungen werden möglich, prägendes und zunächst nicht bewusstes Erfahrungswissen verliert seine limitierende Wirkung.

Die Beobachterposition ermöglicht auch ein *Aussteigen aus dem Autopiloten-Modus*. Automatismen können erkannt, erforscht und in Frage gestellt werden. Da viele Automatismen dazu dienen, Dingen auszuweichen, mit denen schlechte Erfahrungen gemacht wurden, entsteht dadurch die Möglichkeit, sich ihnen zuzuwenden, um neu wahrzunehmen, neu zu bewerten und neue, vielleicht positive Erfahrungen zu machen.

Die buddhistische Psychologie führt die Wirkung der Achtsamkeit auch auf eine »*Dekonstruktion*« einzelner Erfahrungen und des Selbstbildes zurück, auf die Gewahrwerdung und den Abbau von fest etablierten Sicht- und Verarbeitungsweisen. Diese Dekonstruktion geschieht durch die genaue und differenzierende Beobachtung der einzelnen Komponenten des jeweils gegenwärtigen Erlebens – der sich ununterbrochen verändernden Körperempfindungen, Gefühle und Gedanken. So kann – als Beispiel für Erfahrungen, denen wir normalerweise auszuweichen versuchen – auch die Erfahrung von Schmerz in ihre Komponenten zerlegt werden. Man lernt, sich ihm zu stellen: Wie fühlt sich der Schmerz wirklich an? Welche Ausdehnung hat er? Wo im Körper ist *kein* Schmerz? Mit welchen Gedanken und inneren Bildern ist der Schmerz verbunden und mit welchen Gefühlen? Wie ist mein Verhältnis zum Schmerz? Kann ich meine Ablehnung beobachten und wie die Ablehnung des Schmerzes zu Leiden führt? Eine derartige Betrachtung der einzelnen Bestandteile des Erlebens hat die überraschende Folge, dass selbst Schmerzen ihren überwältigenden Charakter verlieren können und sie handhabbar werden.

Ein anderer Aspekt, unter dem man die Wirkungen von Achtsamkeit betrachten kann, ist ihre *integrierende Funktion.* Der Entwicklungsneurobiologe und Psychiater Daniel Siegel[19] betont die Bedeutung von Integration als Schlüsselmechanismus zum Verständnis von Gesundheit und Wohlbefinden. In acht Bereichen kann Achtsamkeit integrierend wirksam werden:

1. Bewusstseinsintegration meint die Fähigkeit, die Aufmerksamkeit bewusst zu lenken, die gesamte Bandbreite möglicher Wahrnehmungen auszuschöpfen und dabei nichts ausblenden zu müssen.

2. Horizontale Integration bedeutet die Nutzung und Zusammenarbeit beider Gehirnhälften, der rechten mit ihrem Bilderreichtum, ihrer Körpernähe und Ganzheitlichkeit und der linken mit ihrer Abstraktionsfähigkeit, ihrer Logik und der Sprache.
3. Vertikale Integration heißt den Körper gleichsam von Kopf bis Fuß differenziert mit allen Empfindungen als funktionstüchtiges Ganzes wahrzunehmen.
4. Mit Integration der Erinnerungen meint Siegel die Bewusstmachung von Puzzleteilchen aus der Vergangenheit, die als nicht-bewusstes Wissen gespeichert sind und sich prägend auswirken.
5. Menschen empfinden Sinn in ihrem Leben, indem sie ihre Geschichte erzählen. Narrative Integration beschreibt den Weg, eine sinnstiftende und zusammenhängende Lebensgeschichte in sich zu tragen und erzählen zu können.
6. Die Integration von Zuständen meint in etwa das, was in diesem Buch als Arbeit mit den Persönlichkeitsanteilen beschrieben wird.
7. Zwischenmenschliche Integration bedeutet, enge Beziehungen knüpfen zu können und dabei die eigene Freiheit zu bewahren, sowie lieben zu können aber auch geliebt zu werden, ohne sich selbst aufzugeben.
8. Zeitliche Integration soll darauf hinweisen, dass auch angesichts von Ungewissheit, Vergänglichkeit und Sterblichkeit das Leben mit Leichtigkeit gelebt werden kann und dass auch im Bewusstsein dieser existenziellen Ungewissheit tiefe, tröstliche Bindungen möglich sind.

Das Paradoxon vom Ziel der Ziellosigkeit

In vielen modernen Anwendungen wird Achtsamkeit als Technik oder skill (Fertigkeit) zur Erreichung umschriebener Ziele eingesetzt: z. B. zur Stressbewältigung, zur Rückfall-Prophylaxe bei Depression, zur Emotionsregulation, zur Behandlung von Süchten. Dieses Verständnis entspricht sicherlich nicht dem tiefsten Kern ihrer ursprünglichen Bedeutung. Denn es reflektiert nicht die radikale Grundhaltung der Achtsamkeit, die von Akzeptanz, Nicht-verändern-Wollen und Absichtslosigkeit geprägt ist. Ein Widerspruch entsteht besonders dann, wenn »Verändern-Wollen« auf »Weg-haben-Wollen« beruht, wenn also eine kritische oder ablehnende Haltung irgendeinem Symptom gegenüber besteht. Auf dem Hintergrund der Achtsamkeit geschieht Veränderung durch Akzeptanz und Nicht-verändern-Wollen im Sinne des *»Paradoxons der Veränderung«*.[20] Dazu braucht es allerdings ein wirkliches Loslassen *allen* Wollens. Wenn der Verzicht darauf, etwas zu wollen mit der Absicht geschieht, dass sich etwas verändert, steht das im Widerspruch zum Wesen der Achtsamkeit.

Veränderung geschieht, wenn ich werde, der ich bin und nicht wenn ich versuche, etwas zu werden, was ich nicht bin

Ein Ziel zu haben bedeutet meist, woanders sein zu wollen, als dort, wo man im Augenblick steht. Gerade in der Ablehnung dessen was ist, sieht aber die buddhistische Psychologie einen Samen des Unglücks. Ihr geht es darum, der Welt mit all ihren Aspekten so tief wie möglich zu begegnen, also keiner Sache auszuweichen. Daher wäre es ja eigentlich das Ziel, ziellos zu sein, nirgendwohin zu wollen. Hier begegnet uns das nächste Paradoxon: Das Ziel der Ziellosigkeit, das natürlich in sich wiederum ein Ziel darstellt.

Und hat Achtsamkeit nicht auch das Ziel, erfahrbar zu machen, dass man schon angekommen ist? Ist da nicht das Wissen enthalten, dass am Ziel alles anders sein wird? Gehen um des Gehens willen oder gehen um anzukommen? Friedliches Verweilen, bei dem was ist, damit es auf neue Weise erfahren wird?

Bei allen unauflöslichen Fragen scheint eines sicher: Man kann durch Achtsamkeitspraxis die Wahrscheinlichkeit bestimmter Veränderungen langfristig erhöhen. Ein Weltklasse-Golfspieler wurde einmal gefragt, wie es ihm gelinge, den Golfball mit einem Schlag in das weit entfernte Loch zu plazieren. Seine Antwort war »Glück«. Als der Reporter dann fragend feststellte, dass er doch jeden Tag viele Stunden trainiere, meinte der Golfprofi: »Das macht das Glück etwas wahrscheinlicher«.

So kann man sich während der einzelnen Achtsamkeitsübung dem Ziel der Ziellosigkeit verschreiben und sich für alles öffnen, was von Augenblick zu Augenblick passiert, ohne Unterscheidung, was gewollt und was nicht gewollt ist. Man kann, wenn sie trotzdem auftreten, auch Erwartungen und Ziele einfach beobachten und sich nicht mit ihnen identifizieren. Trotzdem steht natürlich hinter dem Entschluss, sich der Praxis der Selbsterforschung zu widmen, eine übergeordnete Absicht, ein langfristiges Ziel. Es gilt, diesem Ziel gegenüber wachsam zu bleiben, damit es nicht zum Hindernis auf dem Entwicklungsweg wird. Denn was tatsächlich möglich ist, kann der Übende noch gar nicht kennen. Bis es passiert, ist es noch etwas Unerfahrbares.

Auch die auf den CDs gesprochenen Anleitungen verfolgen übergeordnete Ziele. Bei aller Offenheit für das, was beim einzelnen Übenden passiert, lenken sie die Aufmerksamkeit auf bestimmte, ausgewählte Objekte. Die Autoren haben Aspekte ausgewählt, die in der Regel *nicht* automatisch beachtet werden. Es wird dazu eingeladen, normalerweise Ausgeblendetes und auch Unangenehmes in den Fokus zu nehmen und sich dem wohlwollend zuzuwenden.

DAS TEILEMODELL: ACHTSAMKEIT ZUR ERFORSCHUNG DER SELBSTORGANISATION

Wer sich selbst über einen längeren Zeitraum beobachtet, bemerkt nicht nur den vorüberziehenden Strom der Empfindungen, Gefühle und Gedanken. Er wird erkennen, dass sich einige ihrer Muster wiederholen. Er wird dann feststellen, dass seine Persönlichkeit viele Seiten hat, nämlich immer wieder auftretende und sich von allein formende, typische Zustände.

Oft wechseln diese Zustände ganz plötzlich von einem in den nächsten, z. B. wenn irgendetwas einen wunden Punkt trifft. Man könnte manchmal meinen, jeweils einen anderen Menschen vor sich zu haben, wenn man die gleiche Person in unterschiedlichen Situationen erlebt. Unter diesem Aspekt kann man auch sich selbst beobachten: Wer bin ich, wenn ich vielleicht gerade frisch verliebt bin und die Person meines Herzens wiedersehe? Wer bin ich, wenn ich von einem strengen Chef wegen eines schwerwiegenden Fehlers zur Rede gestellt und »zur Schnecke« gemacht werde? Wer bin ich, wenn ich meine Eltern im Elternhaus besuche? Wer bin ich auf dem Fußballplatz? Wer bin ich, wenn ich mit einem Kind spiele und wer, wenn ich in Meditation versunken bin? In den verschiedenen Situationen werden sehr unterschiedliche Persönlichkeitsanteile aktiviert, die sich manchmal nur fein unterscheiden und manchmal völlig gegensätzlich sind.

Diese Zustände werden im Weiteren sowohl als Zustände als auch als Teilpersönlichkeiten betrachtet. Sie unterscheiden sich auf allen Ebenen der Selbstorganisation wie der Körperaktivierung, der Gefühle, Gedanken, Impulse und Erwartungen. So ist der Körper im einen Zustand vielleicht schlapp und kraftlos, im anderen energetisiert und bewegungsfreudig. Oder man fühlt sich traurig und einsam und schwebt schon wenig später in einem anderen Zustand auf Wolke sieben. Die Gedanken mögen in manchen Zuständen ernst und dunkel sein und in anderen voller positiver Zuversicht.

Wir kennen dieses Phänomen aus der Alltagssprache: das »Kind im Mann«, den »inneren Kritiker«, oder »zwei Seelen, die in meiner Brust wohnen«. Sicherlich gibt es in jedem Menschen mehr als zwei Teilpersönlichkeiten. Man kann sich sein »inneres Team« aus 20 oder 30 Mitgliedern zusammengesetzt vorstellen. Diese Art innerer Organisation eines Menschen macht viel Sinn, denn für die verschiedenen Arten von Anforderungen der Welt brauchen wir verschiedene Arten da zu sein. Die Übergänge von einem zum nächsten Zustand werden insofern auch ganz automatisch ausgelöst. Je nachdem was gebraucht zu werden scheint, beurteilen Teile des Gehirns die Sachlage und schalten um. Unser Bewusstsein bekommt das frühestens einen Bruchteil einer Sekunde später mit. Oftmals überhaupt nicht. Wenn man in flexibler Weise eine gewisse Anzahl solcher Zustände zur Verfügung hat, helfen sie, sich in verschiedensten Situationen angemessen zu verhalten. Wenn man allerdings im Umgang mit seinem Chef während Gehaltsverhandlungen plötzlich in den Zustand des hilflosen Kindes kommt und kein Wort mehr herausbringt, kann das unangenehme Auswirkungen haben.

Achtsamkeit kann auf dieser Ebene als Forschungsinstrument zur Ent-

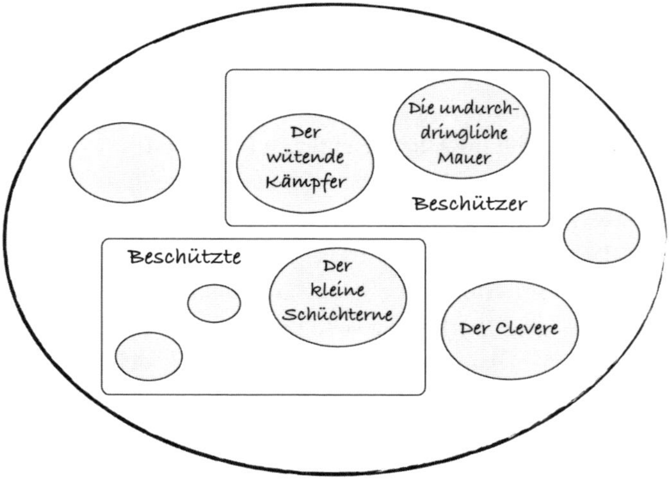

Beispiel einer vereinfachten »inneren Landkarte«

deckung der eigenen Persönlichkeitsanteile beitragen. Man kann eine *innere Landkarte* der Teile anlegen und sich immer wieder klar machen, »wer bin ich im Moment?« Auch diese Art der Selbstwahrnehmung ist schon ein erster Schritt in Richtung Disidentifikation – einem gesunden Abstand davon, alles was man erlebt, zu ernst zu nehmen.

Es ist durchaus sinnvoll, tatsächlich eine innere Landkarte anzufertigen. Bei deren graphischer Gestaltung sind der Kreativität keine Grenzen gesetzt. Die wohl einfachste Darstellung ist die mit Hilfe von Kreisen, wobei den einzelnen Kreisen bzw. Anteilen der Persönlichkeit Namen gegeben werden können, etwa eine charakteristische Eigenschaft des Anteils. Dadurch bleiben sie besser in Erinnerung und sind im Alltag leichter zu bemerken.

Der innere Beobachter gehört *nicht* zum System der Teile, er betrachtet sie ja aus einer übergeordneten Perspektive und hat das Ganze im Blickfeld.

Auf den CDs finden sich zwei Übungen zur Arbeit mit Persönlichkeitsanteilen. In der ersten erfolgt eine *Kontaktaufnahme mit einem Persönlichkeitsanteil (S. 138; Übung 4/CD 2)*. Die zweite Übung führt durch einen *achtsamen inneren Dialog (S. 141; Übung 5/CD 2)*. Dabei lernt man, sich belasteten inneren Anteilen zuzuwenden und für sie zu sorgen. Bei genügend Übung entsteht die Fähigkeit, Persönlichkeitsanteile genauer kennen zu lernen und auf eine Weise mit ihnen in Verbindung zu sein, die dazu führt, dass es ihnen besser geht und sie gut integriert sind.

Die innere Ökologie: Jeder meiner Teile hat Sinn

Wir nutzen hier den Ansatz von Richard Schwartz, der die »innere Familie« als ein ökologisch fein ausbalanciertes System aus »Teilen« beschreibt, in dem diese Anteile in wechselseitiger Abhängigkeit entstehen und einander bedingen. Das Ziel der Arbeit ist die sich vertiefende Integration in die Gesamtpersönlichkeit und die Fähigkeit, mit ihnen so umzugehen, dass ein gelassenes und befriedigendes Miteinander entsteht. Dafür wird eine übergeordnete Instanz benötigt, die überparteilich ist und das Ganze im Auge hat. Sie betrachtet es von einer höheren Ebene und kann die Fähigkeit entwickeln, die Teile einfühlsam, wohlwollend und ohne Druck zu führen. Diese Instanz, die er *das »Selbst«* nennt und die aus der achtsamen Beobachtung entsteht, erhält ihre Kraft und Bedeutung dadurch, dass sie alle Teile verstehen und würdigen kann. Aus dieser Sicht hat auch jeder Teil einen Sinn, eine Funktion, und eine »gute« Absicht für das Ganze, auch wenn es zunächst anders erscheinen mag. Der *achtsame innere Dialog* beruht auf diesem Verständnis. Auf den CDs wird der Übende angeleitet, aus der Position des Beobachters Persönlichkeitsanteile anzuerkennen, zu würdigen und zu schauen, was ihnen helfen könnte und damit eine gute Beziehung zu ihnen zu unterhalten.

ACHTSAMKEIT IN BEZIEHUNGEN

»Alles wirkliche Leben ist Begegnung«, meint der Religionsphilosoph Martin Buber. »There is no such thing as a baby; there is a baby and someone«, schreibt der Entwicklungspsychologe Donald Winnicott. Er macht damit deutlich, wie sehr man von Geburt an auf andere Menschen angewiesen ist. Ein Überleben ist ohne Andere nicht möglich. Der XIV. Dalai Lama drückt es so aus:

»Paradoxerweise kann man sich selbst nicht helfen, wenn man nicht auch den anderen hilft. Ob wir wollen oder nicht, wir sind alle miteinander verbunden und niemand kann nur sein eigenes Glück verwirklichen. Wer nur an sich selbst denkt, wird Leid säen und ernten. Wer sich hingegen für andere einsetzt, sorgt automatisch auch für sich selbst. Wenn wir schon Egoisten bleiben wollen, sollten wir wenigstens intelligente Egoisten sein: Helfen wir den anderen!«[21]

Auf der naturwissenschaftlichen Ebene zeigt der junge Forschungszweig der interpersonalen Neurobiologie, welche Auswirkungen die Beziehungen, in denen man lebt und als Kind gelebt hat, auf die Struktur und die lebenslange Entwicklung des Gehirns haben. So liegt es nahe, Achtsamkeit besonders in Beziehungen zu praktizieren. Auch in der Lehre Buddhas gibt der »edle achtfache Pfad« Hinweise zur Beziehungsgestaltung mit anderen Wesen. Im Folgenden wird auf zwei Arten von Beziehung eingegangen, die eng miteinander verknüpft sind: Partnerbeziehungen und die Beziehung zu sich selbst.

Achtsamkeit in Paarbeziehungen

Es gibt viele Untersuchungen darüber, woran Paarbeziehungen scheitern. Durch eine Analyse des Umgangs der Partner miteinander konnte mit über 90%iger Wahrscheinlichkeit vorausgesagt werden, wer in den nächsten Jahren getrennt sein wird.[22] Dazu dienten Videoaufnahmen von Gesprächen, speziell der Mimik und Messungen der Herzfrequenz. Es kristallisierten sich vier Verhaltensweisen heraus, die für eine Beziehung tödlich sein können: Kritik speziell an der Person oder dem Charakter des Anderen, Verachtung, Rechtfertigung und Mauern. Diese vier zeigen sich meist in dieser Reihenfolge, wie eine Mannschaft beim Staffellauf. Wenn ihr Kreislauf nicht durchbrochen wird, reicht einer immer wieder den Stab an den anderen weiter. Das Mauern ist meist ein Schutzmechanismus gegenüber emotionaler Überflutung, die an einer deutlichen Steigerung der Herzfrequenz erkennbar ist. Da das System auf kämpfen, fliehen oder totstellen eingestellt ist, führt die Stressreaktion zu einer Einschränkung der Fähigkeit, zuzuhören und sich einzufühlen. Achtsamkeit kann dabei helfen, diese Überflutung frühzeitig zu bemerken. Man kann dann ein Streitgespräch unterbrechen und sich regulieren, um wieder aufnahmebereit zu werden.

Dieser Hintergrund macht deutlich, auf welche Weise Achtsamkeit in Beziehungen nutzbringend sein kann. So beschreibt etwa der *»Einsichts-Dialog«*[23] einen Kreisprozess mit sechs Schritten, den man als achtsamkeitszentriertes Gegenprogramm zum beschriebenen Teufelskreis verstehen kann:

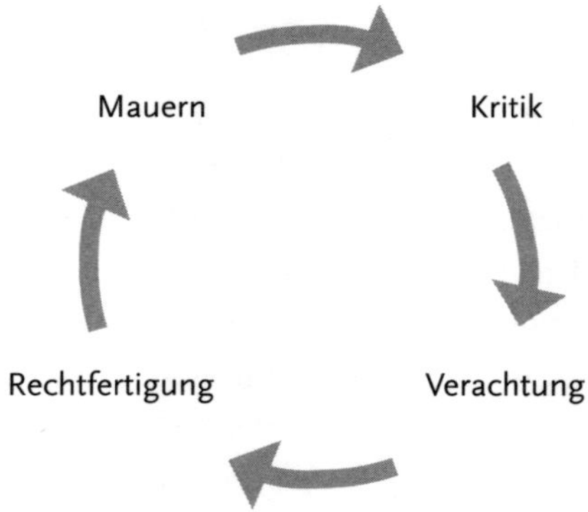

»Teufelskreis« in Beziehungen

1. Innehalten lädt Achtsamkeit ein;
2. entspannen durch Akzeptanz und Fokus auf Ruhe;
3. öffnen durch Lenkung der Aufmerksamkeit auf den Partner, Dasein im Anfängergeist und mit Konzentration auf das, was im Moment ist und dabei einen Spielraum haben;
4. dem Entstehen vertrauen, Flexibilität und Loslassen von Erwartungen;
5. tief zuhören, lauschen ohne zu bewerten und zugleich die eigenen Reaktionen beobachten, empfänglich und feinfühlig sein und
6. die Wahrheit sagen, die gegenwärtige Erfahrung teilen und dabei die Angemessenheit der Äußerung im Auge haben: Integrität und Fürsorge.

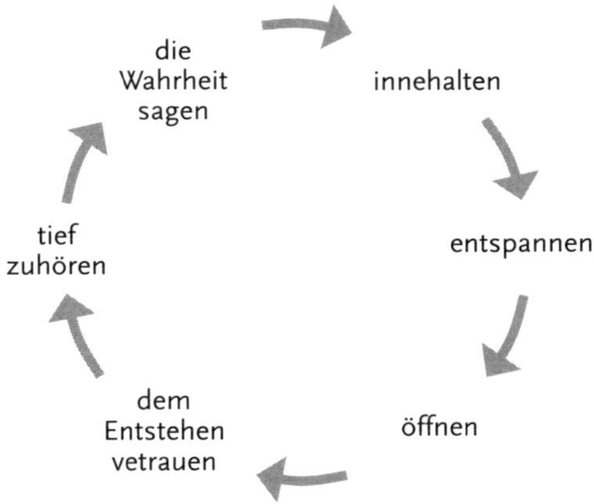

Einsichts-Dialog

Achtsamkeit bringt somit spezifische Qualitäten in die Beziehung: Wertschätzende Akzeptanz statt Kritik und Verachtung, Öffnung statt Rechtfertigung und Mauern, Entspannung statt Überflutung. Achtsam sein bedeutet auch Präsenz. »Love is being present« sagt Thich Nhat Hanh. »Zu lieben bedeutet vor allem: da zu sein. Aber da zu sein ist keine einfache Sache. Einiges Training ist notwendig, einiges Üben. Wenn du nicht da bist, wie kannst du lieben? Da zu sein ist eine Kunst, die Kunst der Meditation. Denn Meditation bedeutet die wahre Präsenz in das Hier und Jetzt zu bringen.«[24]

Die buddhistische Tradition beschreibt als Früchte achtsamer Praxis vier Elemente der »wahren Liebe«: *Maitri* – Liebende Güte oder Wohlwollen. Dies ist nicht nur der Wunsch, jemanden glücklich zu machen und Freude zu bringen, sondern es ist auch die Fähigkeit, dies zu tun. Um das zu vermögen, meint Thich Nhat Hanh, sei es notwendig, sich Zeit zu nehmen und »tiefes Schauen« zu praktizieren. Voraussetzung dazu ist wiederum Präsenz, ganz aufmerksam, ganz wach, ganz achtsam zu sein. Die Frucht dieses tiefen Schauens ist Verstehen. Wenn man jemanden nicht versteht, ist es schwer zu lieben. Denn aus dieser Sicht ist Verstehen die Essenz der Liebe. Das zweite Element ist *karuna* – Mitgefühl. Das ist nicht nur der Wunsch, das Leiden der geliebten Person zu lindern, sondern auch die Fähigkeit, dies zu tun. Tiefes Schauen ist auch dazu notwendig. Es führt dazu, die Natur des Leidens zu verstehen, um dabei helfen zu können, etwas zu verändern. Das dritte Element ist *mudita* – Mitfreude. Wenn Liebe nur aus Leiden besteht, sei es keine wahre Liebe, meint Thich Nhat Hanh. Das vierte Element ist *upeksha* – Gleichmut oder Freiheit. Wenn man liebt – so wird betont – bringt man der geliebten Person Freiheit, innen und außen. »Hast Du genug Raum in Deinem Herzen und um Dich herum?«, sei eine wesentliche Frage, um zu prüfen, ob es wahre Liebe ist.[25] Für solch eine Freiheit ist die Disidentifikation von großer Bedeutung. Die Praxis von Achtsamkeit kultiviert all diese Elemente.

Das kostbarste Geschenk für meine Lieben ist meine ungeteilte Präsenz

Diese vier Elemente stimmen in vielen Aspekten damit überein, was unter *emotionaler Intelligenz* verstanden wird. Achtsamkeit fördert auch deren Komponenten: die eigenen Gefühle wahrzunehmen, sie benennen, sie in ihrer Entstehung verstehen und sie regulieren zu können. Sie fördert auch die Empathie, die Einfühlung in andere Menschen und die Fähigkeit, diese auszudrücken.

Persönlichkeitsanteile in Beziehungen

In Beziehungen ist das Modell der Persönlichkeitsanteile sehr hilfreich. Besonders geliebte Menschen, aber auch schwierige Vorgesetzte und Kollegen rufen manchmal Anteile in uns hervor, die schwer zu akzeptieren sind. Auch aus diesem Grunde liegen in solchen Beziehungen die größten Wachstumschancen. Wachstum und Entwicklung bedeutet, auch ungeliebte Anteile von sich selbst kennen zu lernen, zu erforschen, zu verstehen und sinnvoll zu integrieren. Die achtsame Selbstbeobachtung kann dabei eine große Hilfe sein. Sie hilft, sich beispielsweise darüber klar zu werden, welcher Anteil von mir mit welchem Anteil im Anderen im Konflikt ist. Und man lernt mit der Zeit, genügend Abstand zu bekommen, um sich auch in den Anderen einfühlen zu können. Man kann dann vielleicht deutlicher erkennen, wie – im Bild weiter unten als Beispiel dargestellt – ein eigener, eher kindlicher und verletzlicher Anteil einen starken Beschützer herbeigerufen hat – hier »die undurchdringliche Mauer« – um sich vor dem Beschützer des Anderen – hier »der bissigen Schlange« – in Sicherheit zu bringen. Wenn ich die Ruhe und Gelassenheit

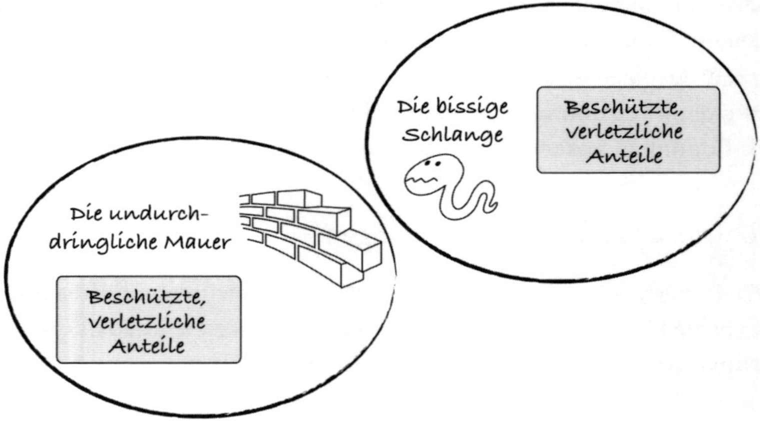

Wechselwirkungen von Teilen in Partnerschaften, Beschützer an der »Front« und beschützte Teile hinter ihnen in deren Schutz

gewonnen habe, mich um den im Hintergrund wirkenden verletzten Anteil – hier den »kleinen Schüchternen« – zu kümmern und ihn auch für den Anderen sichtbar werden zu lassen, werden nicht nur potentiell destruktive Muster unterbrochen, sondern auch die Beziehung vertieft.

Spannend ist die Tatsache, dass in Paarbeziehungen weniger entscheidend zu sein scheint, welche realen Probleme oder Meinungsverschiedenheiten bestehen, sondern wie damit umgegangen wird. Beziehungsfördernd ist die achtsame emotionale Intelligenz, die dafür sorgen kann, dass beide sich in ihren Gefühlen wahrgenommen, ernst genommen und verstanden fühlen können, unabhängig davon, ob für die zu Grunde liegenden Probleme Lösungen gefunden werden.[26] Die »objektiven« Schwierigkeiten in menschlichen Beziehungen sind wohl weniger für deren Gelingen oder Misslingen verantwortlich als der Umgang mit den Persönlichkeitsanteilen, oder genauer gesagt, den »Zuständen« der beiden Menschen, die automatisch ausgelöst werden und die sich mit Hilfe der Achtsamkeit besser steuern lassen.

Die Abbildung soll die genannte Wechselwirkung verdeutlichen. Die »bissige Schlange« und die »undurchdringliche Mauer« treffen als Beschützer zweier verletzlicher Anteile aufeinander.

Achtsamkeit in der Beziehung zu sich selbst

Die texanische Psychologin Kristin Neff[27] erarbeitete auf der Basis des buddhistischen Menschenbildes ein Konzept von *Selbst-Mitgefühl.* »Self-compassion« wird definiert als eine warmherzige, verstehend-akzeptierende Haltung gegenüber den anscheinend negativen Aspekten der eigenen Person und der eigenen Erfahrungen. Ihr Modell beschreibt drei Aspekte mit jeweils zwei gegenüberliegenden »Polen«: einem positiven und einem negativen. Der erste ist *Freundlichkeit und eine verstehende Haltung* sich selbst gegenüber. Dies betrifft vor allem Anteile, die nicht perfekt und ungenügend erscheinen, sowie das eigene Leiden. Am negativen Gegenpol liegen Selbstverurteilung und Selbstkritik. Der zweite Aspekt ist menschliche *Verbundenheit*. Er meint ein Verständnis der eigenen problematischen Erfahrungen als unvermeidbarer Teil menschlichen Lebens und als Resultat eines komplexen Gefüges vieler Ursachen. Der Gegenpol dazu liegt beim Gefühl, allein für das eigene Unglück verantwortlich zu sein, sich dafür zu schämen, sich zu isolieren und sich von den anderen Menschen als getrennt zu erleben. Der dritte Aspekt beschreibt auf der positiven Seite *achtsames Gewahrsein* auch schmerzhafter Gedanken und Gefühle, ohne sich in übermäßiger Weise mit ihnen zu identifizieren. Der andere Pol liegt in einer starken und belastenden Identifizierung mit diesen Gefühlen. Es wird deutlich, wie alle drei Aspekte mit zentralen Wirkmechanismen der Achtsamkeit zusammenhängen.

Selbst-Mitgefühl und Selbst-Liebe stehen mit Selbstwahrnehmung und Selbstfürsorge im Zusammenhang: *Selbstwahrnehmung* ist die offensichtliche Voraussetzung, um genau, verstehend, anteilnehmend und fürsorglich mit sich umzugehen und sich selbst lieben zu können. *Selbstfürsorge* entsteht aus Selbst-Mitgefühl. Als *Mitgefühl* wird im Buddhismus jener liebevolle Handlungsimpuls verstanden, der entsteht, wenn man in wachen Kontakt mit einem leidenden Wesen kommt. Aus diesem Grund besteht der erste Schritt zum Selbst-Mitgefühl darin, mit dem eigenen Schmerz überhaupt einmal tief in Kontakt zu kommen – ein Erleben, das man normalerweise so gut es geht vermeidet. Da die Achtsamkeit die Wahrnehmung des Körpers und der Gefühle verfeinert und intensiviert, wird schließlich auch das Mitgefühl mit sich selbst gefördert, Selbstfürsorge kann folgen.

Alle Übungen auf den CDs bieten Gelegenheit, die aufbauenden Komponenten der Akzeptanz, der Selbstliebe und des Selbst-Mitgefühls zu stärken. Dies kann sich z. B. auf den Umgang mit Schmerzen beim Sitzen beziehen, auf die Wahrnehmung von Körperteilen, die unangenehmes Erleben auslösen oder die man nicht mag aber auch auf das Auftauchen der vielen Hindernisse beim Üben. Wenn es dann nicht gelingen sollte, freundlich und interessiert auf sich und sein Erleben zu schauen, kann man innerlich zurücktreten und das Nicht-Gelingen freundlich beobachten. So identifiziert man sich nicht mit der parteiischen Sicht eines Kritikers, sondern sieht diesen wiederum wohlwollend aus der Position des Beobachters.

Praxis

GRUNDSÄTZLICHES ZUR PRAXIS

Jeder Mensch hat vielfältige Möglichkeiten, Achtsamkeit in sein Leben zu integrieren. Grundsätzlich wird zwischen formaler und informeller Praxis unterschieden. Formale Praxis meint, dass man sich bewusst geplant und regelmäßig eine Auszeit nimmt – eine Pause vom Alltag: fünf, zehn, 25 oder 45 Minuten und beim Wunsch nach Intensivierung einen halben oder ganzen Tag, vielleicht sogar zehn Tage für ein »Retreat«.

In der *formalen Praxis* können Erfahrungen gemacht werden, die im allgemeinen Trubel des Lebens nicht möglich sind. Zugleich ist es wesentlich, Achtsamkeit auch im Alltag zu praktizieren. Regelmäßige formale Praxis hilft, insgesamt achtsamer zu sein und es mit der Zeit immer selbstverständlicher werden zu lassen, auch untertags innezuhalten, bewusst zu atmen, den Körper zu spüren oder sich gelegentlich Zeit für eine Mini-Übung zu geben. Man kann den Weg aber auch in die andere Richtung gehen. Wie bei dem Spiel, bei dem man nummerierte Punkte verbindet und so eine Gestalt entsteht, können die Augenblicke der Achtsamkeit während eines Tages ein Ganzes ergeben. In der Folge entsteht oft das Bedürfnis nach Vertiefung, die nur in täglicher formaler Praxis oder in einem länger dauernden Rückzug, etwa in einem Retreat, möglich wird.

Informelle Praxis bedeutet, Tätigkeiten des alltäglichen Lebens in einer Qualität achtsamer Wachheit zu verrichten, wie etwa duschen, Zähne putzen, kochen, aufräumen oder Treppen steigen. Man kann sich auch vornehmen,

Achtsamkeit im Kontakt mit einem Mitarbeiter, einem Kunden oder im privaten Bereich zu üben. Wenn man z. B. bemerkt, dass sich ein Gespräch ungünstig entwickelt, kann man innehalten und eine kleine Pause für Achtsamkeit einlegen, um anschließend auf andere Weise weiter zu machen.

Auch ein *Achtsamkeits-Tagebuch* gibt der Praxis besondere Bedeutung. Es dient der Dokumentation der persönlichen Entwicklung und der Reflexion. Es hat Platz für Zitate aus Gelesenem, für Erfahrungen, die mit der Praxis gemacht wurden und für Einsichten, die nicht vergessen werden sollen. Allein schon der Anblick des Tagebuchs kann an die Achtsamkeitspraxis erinnern.

FORMALE PRAXIS

Die Voraussetzung jeder formalen Praxis ist ein Entschluss. Der Entschluss, zu einem bestimmten Zeitpunkt des Tages für eine bestimmte Dauer zu üben. Die Motivation dazu speist sich aus unterschiedlichen Quellen. Oft führt ein körperliches oder psychisches Leiden zum Wunsch nach Veränderung. Manchmal wird plötzlich klar: »So will ich nicht mehr weiter machen, etwas muss anders werden« oder vielleicht »da muss Leben ins Leben«. Entscheidend ist die Verbindlichkeit sich selbst gegenüber. Vielen Menschen fällt diese leichter, wenn man sich wöchentlich mit Gleichgesinnten trifft oder sich zu einem Kurs anmeldet, der mit regelmäßigem Austausch in der Gruppe verbunden ist und mit der Verpflichtung, täglich zu üben. Unabhängig von Ausgangsmotivation und Einstiegsschwierigkeiten wird die tägliche Praxis für die meisten Menschen mit der Zeit immer selbstverständlicher und schließlich zu einem Bedürfnis. Dies geschieht besonders dann, wenn die positiven Auswirkungen für sich selbst oder Andere schnell deutlich werden oder auch weil es sich einfach gut anfühlt.

Wenn es – wie so oft – *nicht* gelingt, die guten Vorsätze, regelmäßig zu üben, in die Tat umzusetzen, ist das kein Grund, sich schlecht zu fühlen oder Schuldgefühle zu entwickeln. Das wäre nicht im Sinne der Achtsamkeit. Im Sinne von Achtsamkeit wäre es, zu beobachten, was einen daran hindert, das Vorhaben auszuführen. Wenn es wirklich etwas Wichtigeres und Dringenderes gibt, ist das in Ordnung. Dann kann man noch einmal Bilanz ziehen: Was ist *wirk-*

lich wichtig in meinem Leben? Sorge ich gut für mich? Und welchen Stellenwert könnte die Achtsamkeit für mich haben? Entspricht der Raum, den ich ihr gebe, dieser Bedeutung – insbesondere wenn ich es mit anderen Dingen vergleiche, für die ich mir Zeit nehme?

Rhythmus und Regelmäßigkeit sind sinnvoll. Es bewährt sich, jeden Tag möglichst zur gleichen Zeit zu üben, an Arbeitstagen etwa nach dem Aufstehen am Morgen, am Ende der Mittagspause oder nach dem Heimkommen und einem Spaziergang am Abend. Für viele Menschen ist es eine Hilfe, Übungen an etwas zu koppeln, was jeden Tag ohnehin geschieht, wie etwa die Tasse Cappuccino am Morgen, die S-Bahn-Fahrt oder das Einparken beim Heimkommen.

Es ist wichtig, sich vor Beginn der Übung auf eine bestimmte, minimale *Übungsdauer* einzustellen. Diese kann am Anfang auch relativ kurz sein. Die Anleitungen auf den CDs dauern zwischen sieben und 20 Minuten. Wenn man die Anleitungen verinnerlicht hat und ohne äußere Anleitung übt, kann man sich beispielsweise 15 Minuten dafür Zeit nehmen oder zweimal am Tag fünf oder zehn Minuten. Dabei ist es sinnvoll, sich nicht zu viel vorzunehmen, sodass die Ziele auch umgesetzt werden können. Es ist natürlich auch möglich, zwei oder drei Mal in der Woche mindestens 20 Minuten zu üben. Regelmäßig – z. B. einmal im Monat – einen halben Tag für intensives Training zu nutzen, kann den Effekt deutlich vertiefen.

Die Anleitungen auf den CDs haben den Vorteil, eine bestimmte Übungsdauer vorzugeben. Diese kann allerdings jederzeit verlängert werden, indem zwischendurch die Pause-Taste gedrückt wird. Beim Üben ohne CD entlasten äußere Zeitgeber von der Aufgabe, darauf achten zu müssen, wie viel Zeit schon verstrichen ist. Dies können etwa Uhren oder Handys mit Weckfunktion oder kleine Küchen-Timer sein. Es gibt auch edle Ausführungen, die den Ablauf der Zeit mit sanften Klängen anzeigen und entsprechende Computerprogramme. Manche Menschen zünden einfach ein Räucherstäbchen an und lassen sich von seinem Abbrennen das Ende der Übung anzeigen.

Eine wesentliche Hilfe ist ein gleichbleibender, ungestörter, geschützter und möglichst stiller *Ort*, den viele Übende mit einer entsprechenden Sitzgelegenheit, mit Decken, Kerzen oder mit speziellen Gegenständen auf eine Weise gestalten, die das Besondere dieses Platzes hervorhebt und eine passende Stimmung einlädt.

Beim Üben im Sitzen wird gewöhnlich eine symmetrische, aufrechte *Körperhaltung* empfohlen. Die Vorstellung, eine Haltung einzunehmen, die Würde ausdrückt, erleichtert es, diese Haltung zu finden. Innere Ruhe und Achtsamkeit vertiefen sich, wenn der Körper ruhig und bewegungslos ist. Denn eines ihrer Merkmale besteht darin, Impulsen nicht zu folgen, sondern sie zu beobachten. Wenn der Übende allerdings mit zunehmender Achtsamkeit bemerkt, dass es noch kleine Veränderungen in der Körperhaltung braucht, um bequem zu sitzen, ist es vollkommen in Ordnung, diese vorzunehmen. Im weiteren Verlauf wird es dann aber doch wichtig, dem Geist der Achtsamkeit Rechnung zu tragen und Bewegungsimpulse wahrzunehmen, ohne ihnen gleich nachzugeben.

In den meisten Übungen auf den CDs wird dazu angeleitet, die Augen zu schließen. Manchmal lautet die Empfehlung, sie offen oder halb offen zu halten, manchmal wird es auch der persönlichen Entscheidung überlassen. In der Regel ist es leichter, die ganze Aufmerksamkeit nach innen zu richten, wenn man nicht durch visuelle Wahrnehmungen abgelenkt wird. Nach längerer Übungszeit ist es aber ein Gewinn, wenn achtsame Zustände auch im Alltag und mit offenen Augen möglich werden.

Die Übungen der formalen Achtsamkeitspraxis erscheinen auf den ersten Blick einfach, sind jedoch keineswegs leicht. Buddha beschreibt *fünf Hindernisse,* die den klaren Blick trüben und die auch in der Achtsamkeitspraxis zu Herausforderungen werden können. Erstens: Verlangen, Wünsche und sinnliches Begehren. Zweitens: Ablehnung, Übelwollen und Wut. Drittens: Stumpfheit, Trägheit und Müdigkeit. Viertens: Unruhe, Ängstlichkeit und Zerstreutheit. Fünftens: skeptischer Zweifel. Buddha nutzt das Gleichnis eines Teichs, um zu beschreiben, wie es ist, wenn diese Hindernisse durchlebt sind und sich »Klarblick« eingestellt hat. Durch seine glatte Oberfläche und das reine Wasser kann man dann den Grund klar erkennen. Dabei erschweren die fünf Hindernisse auf unterschiedliche Weise die Wahrnehmung des Grundes. Begehren trübt wie Farbe das Wasser. Hass lässt das Wasser kochen und brodeln oder lässt als Eiseskälte die Oberfläche gefrieren. Stumpfheit ist wie Algen oder Moos an der Oberfläche. Unruhe kräuselt wie Wind die Oberfläche oder peitscht sie auf. Zweifel ist wie trübes, schlammiges Wasser.

All diesen Hindernissen wird der Übende begegnen, das ist Teil der Praxis.

Wenn sie auftauchen, sollte man sich keine Sorgen machen, sondern wissen, dass man diese Erfahrungen mit allen anderen Übenden teilt. Die Aufzählung soll erleichtern, Hindernisse zu erkennen und zu benennen. Das Bild kann auch anregen, die persönliche Färbung der Hindernisse zu erforschen. Diese selbst zum Gegenstand der Beobachtung zu machen stärkt den Beobachter und unterstützt den Prozess der Disidentifikation.

INFORMELLE PRAXIS

Um mehr Achtsamkeit in den Alltag zu bringen, können sonst automatisch – im Autopiloten-Modus ausgeführte – Aktivitäten in der Haltung der Achtsamkeit verrichtet werden. Das nennt man »informelle Praxis«. So kann man z. B. eine Woche lang den Tag mit achtsamem Zähneputzen beginnen oder den Tag mit einem achtsamen Ablegen der Kleidung beenden. Nach einer Woche Praxis wählt man dann eine neue Tätigkeit, kann aber zusätzlich die Praxis der Vorwoche beibehalten. So werden immer mehr Routinen mit Achtsamkeit erfüllt und es wird selbstverständlich, Alltägliches mit dem Geist der Achtsamkeit zu verknüpfen. Bei näherer Betrachtung gibt es eigentlich nichts, was man nicht achtsam machen kann. Vielleicht entdeckt man aber auch, dass man bestimmte Dinge gar nicht mehr tun will, wenn sie achtsam getan werden und man unmittelbar spürt, dass sie mehr schaden als nutzen. Beispiele dafür könnten das Rauchen oder Fernsehen sein. Auch Sport oder ein Fitnessprogramm können achtsam durchgeführt werden. Und es kann grundsätzlich sinnvoll sein, jeder Tätigkeit, vielleicht auch nur kurz, die volle achtsame Aufmerksamkeit zu schenken. Man kann achtsam Musik hören oder Blumen gießen. Man kann achtsam die Hände waschen, insbesondere wenn dies zur beruflichen Routine gehört. Man kann achtsam essen, ruhen und aus dem Fenster blicken. Während mehr und mehr Elemente des Alltags im Licht der Achtsamkeit bewusster werden, können immer öfter schädliche Erfahrungen vermieden und fördernde vertieft werden. Das gilt besonders auch für den Umgang mit anderen Menschen.

INNEHALTEN UND SELBSTERINNERN IM ALLTAG

Die häufigste Schwierigkeit, Achtsamkeit in den Alltag zu integrieren, besteht darin, dass dieser Vorsatz untertags beim Laufen im Hamsterrad schlicht und einfach vergessen wird. So wie in der Geschichte von der Säge: Ein Spaziergänger geht durch den Wald und beobachtet einen Mann, der an einem dicken Holzstamm sägt. Die Säge ist schon stumpf, er kommt nur langsam weiter. Auf die Frage, warum er nicht innehalten wolle und seine Säge schärfen, antwortet er: »Sie sehen doch, wie viel Arbeit noch wartet, dafür habe ich keine Zeit, ich muss weitersägen!« Er zeigt dabei auf einen großen Holzstapel. Man sieht: keine Zeit, das zu tun, was alles erleichtern würde.

Es erleichtert das Leben, während des Tages immer wieder ein paar Augenblicke innezuhalten und zu pausieren. Dadurch kann sich der Geist beruhigen. Man erinnert sich an sich selbst, indem man – vielleicht auch nur ganz kurz – dem eigenen Körper die Aufmerksamkeit schenkt. Man nimmt dazu einige bewusste Atemzüge, macht sich die Körperhaltung bewusst oder spürt den Kontakt mit dem Boden. Auch hier ist das größte Hindernis, dass man vergisst, daran zu denken. Daher hat es sich bewährt, Innehalten mit äußeren Anlässen zu verknüpfen, die regelmäßig wiederkehren. Dies kann für Pflegepersonen das Händewaschen zwischen zwei Patientenkontakten sein, für Taxifahrer der Griff zum Autoschlüssel vor dem Starten des Taxis, für Verkäufer die Schritte auf den Kunden zu und für Büroangestellte der Weg zum Drucker oder zum Aktenschrank. Eine von Thich Nhat Hanh empfohlene Übung ist das Innehalten beim Läuten des Telefons vor dem Entgegennehmen eines Anrufs. In Plum Village, seinem Meditationszentrum in Frankreich, ertönt immer wieder eine *Achtsamkeitsglocke,* um die Schüler auch im Alltag an die Achtsamkeit zu erinnern. Unabhängig davon, welche Tätigkeit gerade ausgeführt wird, erinnert sie daran, innezuhalten. Und schließlich kann man sich beispielsweise auch vornehmen, insbesondere dann innezuhalten, wenn man bemerkt, dass der eigene Zustand durch Ungeduld oder Unruhe geprägt ist oder wenn man schneller spricht oder geht als notwendig.

Im Moment des Innehaltens liegt die Freiheit der Wahl

So kann man während des Tages immer wieder kurz aus Anspannungen aussteigen und etwas gelassener werden. Wenn man dann die Intensität der Anspannung eines Menschen im Tagesverlauf aufzeichnet, ergibt sich eine sägezahnförmige Kurve. Die Bezeichnung *»Sägezahn-Prinzip«* erinnert auch daran, dass sich in solchen kleinen Pausen die »Säge« des Körpers und des Geistes immer wieder neu schärft.

Die Zen-Lehrerin und Kinderärztin Jan Chozen Bays hat in ihrem Buch »Wie man einen wilden Elefanten trainiert«[28] viele kleine Übungen zusammengestellt. Sie empfiehlt, *Erinnerungskärtchen* an jene Orte zu platzieren, an denen man sich an eine Übung erinnern will. Ein Kärtchen mit dem Wort »Haltung« auf einem Stuhl am Esstisch erinnert daran, sich die Körperhaltung bewusst zu machen; wohlgemerkt: »bewusst zu machen« und *nicht* »zu korrigieren«. Das Wort »Erde« soll an die Erde erinnern und daran, den Boden zu fühlen, auf dem man steht, aber auch an den Planeten, auf dem man lebt und von dem man ein Teil ist. Ein spezieller Ring an einem Finger, ein Tupfen Nagellack oder ein kleiner Punkt mit einem Kugelschreiber auf der Haut kann daran erinnern, einen anderen Menschen, ein Tier, eine Pflanze oder auch unbelebte Dinge auf liebevolle Weise anzuschauen oder zu berühren.

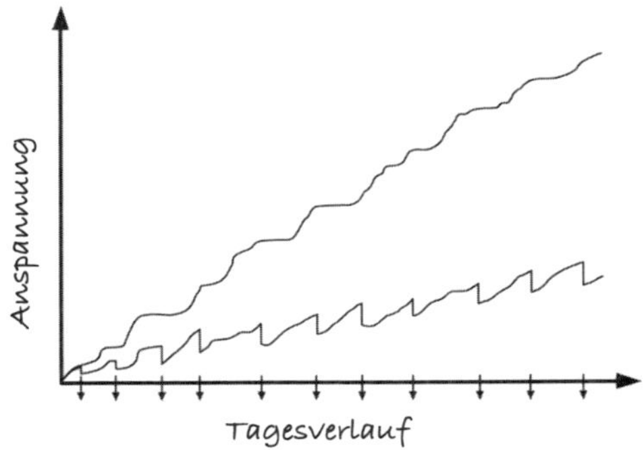

Achtsamkeit im Alltag bedeutet, immer wieder aus dem Autopiloten-Modus auszusteigen und etwas auf neue Weise – im Anfängergeist – zu tun. Eine Möglichkeit dafür ist der Einsatz der nicht-dominanten Hand, etwa als Rechtshänder einmal mit der linken Hand zu essen. Man kann auch mit dem Aufmerksamkeitsfokus experimentieren und beispielsweise beim Kochen einmal besonders auf das Spüren, ein anderes Mal auf das Hören oder auf Gerüche achten. Eine weitere Möglichkeit wäre, den Fokus *»Dankbarkeit«* zu wählen, indem man sich etwa bewusst macht, was alles dazu beigetragen hat, dass ein bestimmtes Nahrungsmittel auf den Tisch kommt. Dabei kann man bei der Erde, der Sonne und dem Regen beginnen. Man denkt dann vielleicht daran, wie viele Menschen dazu beigetragen haben, das Gemüse zu pflanzen, zu pflegen und zu ernten oder wie andere es verpackt und transportiert haben. Oder man ruft sich ins Bewusstsein, was sonst noch alles nötig war, eine Kartoffel, ein Joghurt oder einen Tee auf den Tisch zu bringen: riesige Systeme von Produzenten, Materialien und eine Logistik, die auf kaum begreifbare Weise zusammenwirken.

GRUNDSÄTZLICHES ZU DEN EINZELNEN ÜBUNGEN

Zu üben und dabei zu bleiben ist nicht immer einfach. Die Anleitungen auf den beiden CDs erleichtern den Einstieg oder Wiedereinstieg in die Praxis. Wenn man seinen Übungsplatz eingenommen und die CD eingelegt hat, erinnert die Anleitung an das ursprüngliche Vorhaben, einfach zu beobachten. Die Stimme auf der CD verbündet sich mit dem inneren Beobachter, hält ihn wach und gibt ihm Anregungen, sich bestimmten Objekten zuzuwenden.

Überblick und Reihenfolge

Der beste Weg ist, die Anleitungen der *ersten* CD in der vorgegebenen Reihenfolge zu hören, zumindest die ersten vier Übungen: Atembeobachtung im Sitzen, den Bodyscan im Liegen, achtsames Stehen und achtsames Gehen. Die in der ersten Übung angeregte Beobachtung des Atems dient in allen weiteren Übungen als Ausgangspunkt und Ankerplatz, zu dem man immer wieder zurückkehren kann. Daher ist es gut, sich viel Zeit zu nehmen – vielleicht Wochen – bis die Atembeobachtung leichter wird und der Fokus länger gehalten werden kann. Der Bodyscan leitet zu einer Art der Wahrnehmung des Körpers an, die grundsätzlich in allen Haltungen möglich ist, auch in den nächsten Übungen beim achtsamen Stehen, sowie in Bewegung beim achtsamen Gehen.

Diese vier einander ergänzenden Übungen bilden die Basis jeder Praxis. So werden im Zen oft abwechselnd 25 Minuten stilles Sitzen und fünf Minuten achtsames Gehen praktiziert. Die nächsten beiden Übungen vermitteln dann verschiedene Möglichkeiten der Aufmerksamkeitslenkung. Ziel der fünften Übung ist es, die Aufmerksamkeit bewusst zu teilen, nicht nur die Außenwelt zu hören und zu sehen, sondern zugleich auch den eigenen Körper zu spüren. In »Zooming« wird zu einem spielerischen Weit- und Nah-Stellen des »Teleobjektives« der Aufmerksamkeit angeleitet. Die letzte Übung legt den Fokus auf Berührung, auf das was geschieht, wenn man – in diesem Fall – die Hand auf die Brust legt.

Gemeinsam ist allen Übungen auf der ersten CD, dass nur das beobachtet wird, was jeweils da ist, ohne einzugreifen und ohne aktiv etwas zu verändern.

Am Beginn der Praxis ist es sinnvoll, sich über einen längeren Zeitraum jeweils einer der Übungen intensiver zu widmen. Zur Vertiefung sind häufige Wiederholungen unumgänglich. Doch ist es langfristig sehr nützlich, verschiedene Zugänge zur Achtsamkeit zur Verfügung zu haben.

Die *zweite* CD besteht aus Anleitungen zu kleinen Experimenten. Eine Übung ist eine Variante der Atembeobachtung. Hierbei wird nicht nur der spontane Fluss des Atems beobachtet, sondern auch die Wirkung von kleinen, bewusst herbeigeführten Veränderungen des Atemrhythmus. Die nächste Übung ist eine Variante des Bodyscan, sie dient der Erforschung von muskulärer Spannung und Entspannung. Die Eiswürfelübung ermöglicht, sich selbst im Umgang mit unangenehmen Erfahrungen zu beobachten und ungewohnte Wege zu gehen.

Zwei Übungen beschäftigen sich mit der Anwendung von Achtsamkeit im

Umgang mit Persönlichkeitsanteilen. Eine Übung lädt zur Kontaktaufnahme mit einem Anteil ein, eine weitere leitet durch einen achtsamen inneren Dialog. Die letzte Übung dient der Erforschung der Selbstorganisation in Beziehung zu einem anderen Menschen – dem was passiert, wenn eine Hand mit ihm in Kontakt tritt.

Individualisierung der Übungen und deren Grenzen

Übungsanleitungen durch einen Lehrer, Therapeuten oder Coach können in den Inhalten und in der Geschwindigkeit an die Übenden angepasst werden. Auf einer CD ist das nicht möglich. Die gesprochenen Anleitungen werden sich daher manchmal zu langsam anfühlen, manchmal auch zu schnell, wenn die einzelnen Schritte mehr Zeit brauchen. Es gibt verschiedene Möglichkeiten, damit umzugehen. Eine davon ist, dem Text nur dort zu folgen, wo es dem eigenen Tempo entspricht, es leicht möglich ist und es sich richtig anfühlt. Die übrigen Teile des Textes können ausgeblendet werden. Man klinkt sich dann wieder ein und macht weiter, wenn es passend erscheint. Eine andere Möglichkeit empfiehlt sich speziell bei den Anleitungen zur Arbeit mit den Persönlichkeitsanteilen und bei der achtsamen Berührung zu zweit: die CD zwischendurch immer wieder so lange zu stoppen, bis man für den nächsten Schritt bereit ist. Als dritte Möglichkeit können technisch Begabte mit einem geeigneten Musik-Bearbeitungsprogramm (z. B. »audacity«) die Pausen entsprechend verlängern oder verkürzen.

Es ist selbstverständlich auch möglich, die Übungen mitten drin zu beenden. Einerseits ist es zwar gut zu üben, dem automatischen Impuls, eine unangenehme Erfahrung so schnell wie möglich zu beenden, *nicht* unmittelbar nachzugeben. Die Erfahrung, dass Unangenehmes auch interessant sein kann und von selbst wieder vorbeigeht, stärkt die Disidentifikation. Auf der anderen Seite ist es nicht grundsätzlich sinnvoll, sich Schmerzlichem und Bedrohlichem unnötig lange auszusetzen. Ein Aushalten ist sinnvoll, solange man in der Beobachterposition bleiben oder man zumindest immer wieder zu ihr zurückkehren kann. Wenn man aber diese Position nicht halten kann und von belastenden Szenen aus der Vergangenheit überwältigt oder von Gefühlen überschwemmt wird, ist es besser, die Übung zu beenden. Dies gelingt am besten durch eine *Reorientierung in die Gegenwart:* Spüre ich den Boden unter den Füßen? Sehe ich die Gegenstände rund um mich herum? Dann ist es gut, hin und her zu gehen und die eigenen Bewegungen zu spüren.

Wenn das Einnehmen der Beobachterperspektive selbst nach einigem Üben auch ansatzweise nicht möglich ist oder wenn man bei der Beobachtung des Atems oder beim Bodyscan von heftigen Gefühlen, von Leere oder von Erinnerungen überschwemmt wird, ist das Üben ohne Unterstützung noch zu schwer. Dann ist es sinnvoll, sich im geschützten Rahmen einer Lerngruppe – oder mit Hilfe eines Psychotherapeuten oder eines Coaches – in kleinen, verdaubaren Portionen dem zuzuwenden, was Achtsamkeit verhindert.

Die gesprochenen Anleitungen können insofern keine Psychotherapie ersetzen, sehr wohl aber eine Psychotherapie oder ein Coaching ergänzen. Sie sind auch kein Ersatz für die individuelle Unterstützung und Förderung, die man durch den persönlichen Kontakt mit einem Lehrer erfahren kann.

Verinnerlichung der Anleitungen

Wer die CDs öfter hört, wird mit der Zeit die einzelnen Schritte der Übungen verinnerlichen. Ziel dieses Büchleins ist es, das Vorgehen in den Übungen selbstverständlich werden zu lassen. Es ist daher zwischendurch immer wieder sinnvoll, die Übungen auch *ohne* die gesprochene Anleitung durchzuführen. Wenn man dann die Übungen auf den CDs erneut hört, kann man darauf achten, ob man etwas ausgelassen hat.

Grundsätzlich sind die einzelnen Übungen als dauerhafte Begleit-Elemente eines achtsamen Weges gedacht. Die gleichen Übungen können immer wieder anders erlebt werden – so wie jeder Moment sich vom nächsten unterscheidet. Auch der Übende entwickelt sich weiter und macht immer tiefere Erfahrungen. Doch kann es auch Zeiten der Stagnation geben, dann hilft es, wenn man mit dem Üben einfach weiter machen kann, bis sich die Erfahrungen wieder verändern. Dabei können auch die CDs unterstützen.

Die Übungen

ACHTSAMES SITZEN: ATEMBEOBACHTUNG

CD 1
Track 1

Beschreibung

Die Atembeobachtung im Sitzen ist der klassische Weg, durch Fokussierung der Aufmerksamkeit auf den Atem den Geist zur Ruhe zu bringen und Konzentration zu üben. Dazu ist der Atem ein ideales Objekt *(siehe »Atmen als Objekt«, S. 37)*. Das Prinzip der Übung besteht darin, einen Aspekt des Atmens auszuwählen und mit der Aufmerksamkeit darauf zu verweilen. In der Anleitung auf der ersten CD ist dies der Atemstrom im Bereich der Nase. Konzentration wird geübt, indem man bemerkt, wenn der Geist abgelenkt wird und auf Wanderschaft geht und man die Aufmerksamkeit wieder sanft zum gewählten Objekt zurückführt. Damit wird das Gehirn darin trainiert, einen Fokus zu halten und nicht der Automatik der Gedanken ausgeliefert zu sein.

Übungsfelder

Der Atem wird als Anker genutzt, um Kontakt mit dem Körper aufzunehmen, um im Hier und Jetzt zu verweilen und um den Geist zur Ruhe zu bringen. Man lernt zu beobachten, ohne zu beeinflussen. Dabei bemerkt man auch, welche Auswirkung allein schon das Beobachten auf den Atemrhythmus hat. Dies steht im Gegensatz zum *»Achtsamen Experimentieren mit dem Atem«* (S. 128, Übung 1/CD 2), bei dem der Atemrhythmus bewusst verändert wird.

Körperhaltung

Seit jeher wird empfohlen, eine symmetrische Haltung einzunehmen, in der sich der Körper selbst stützt. Man kann auf einem Stuhl sitzen, frei und ohne sich anzulehnen, auf einem Sitzkissen oder einem Meditationshocker. Wenn es schwierig ist, eine aufrechte Haltung einzunehmen, kann man die Aufmerksamkeit darauf lenken, wie der Körper sich von selbst aufrichtet, wenn man tief einatmet und sich die Lungen mit Luft füllen. Die Augen zu schließen erleichtert es, mit der Aufmerksamkeit beim Atem zu bleiben. Es ist aber auch möglich, mit halb offenen Augen den Blick auf einen Punkt vor sich auf den Boden zu richten. Dies ist speziell dann sinnvoll, wenn es schwer fällt, wach und aufmerksam zu bleiben.

Dauer

Die Übungsanleitung auf der CD dauert nicht ganz sieben Minuten. Sie stellt eine zeitliche Minimal-Variante der Atembeobachtung als formale Praxis dar. Sie lässt sich beliebig verlängern, indem man bei der Ankündigung des Endes der Übung einfach die Pause-Taste drückt. Die Übung kann dann mit Hilfe eines anderen Zeitgebers, der ebenfalls bei Beginn der Übung gestartet wird, auf 15, 25 oder 45 Minuten ausgedehnt werden.

Quelle

Lehrrede von den Grundlagen der Achtsamkeit (Satipatthâna-Sutta)

Varianten

- *Atembeobachtung mit Fokus Bauchdecke:* Die klassischen Anleitungen regen an, den Atem entweder an der Nasenspitze oder beim Heben und Senken der Bauchdecke zu beobachten. Um zum Suchen des eigenen Weges zu ermutigen, schlagen wir vor, mit beiden Varianten zu experimentieren. Wenn man das Gefühl hat, sich zu sehr in Gedanken zu verlieren, kann der Fokus nahe der Körpermitte zentrierend wirken. Wenn ein größerer Abstand von intensiven Gefühlen im Bauch wichtig ist, empfiehlt sich der Fokus im Nasenbereich.
- *Atembeobachtung mit Zählen der Atemzüge:* Es ist zunächst schwierig, mit der Aufmerksamkeit beim Atem zu bleiben, weil sich ständig Gedanken aufdrängen, die von der Beobachtung wegführen. In diesem Fall bewährt es sich, den Geist zunächst mit Gedanken zu beschäftigen, die mit der Atmung zusammenhängen: Man zählt einfach die einzelnen Atemzüge. Dazu sagt man bei jedem Ausatmen innerlich die entsprechende Zahl: »eins, zwei, drei ... zehn«. Dann beginnt man wieder bei eins. Wenn man sich bei einer Zahl höher als zehn wiederfindet oder nicht mehr weiß, bei welcher Zahl man gerade ist, beginnt man einfach wieder bei Eins. Bei dieser Me-

thode kann man auch schneller bemerken, dass die Aufmerksamkeit nicht mehr beim Atmen ist. Bewährt hat sich auch, die Zahlen innerlich mit dem Wort »und« beim Einatmen zu verbinden: »eins *und* zwei *und* drei …«. Wenn das Zählen nach einer Weile dazu geführt hat, mit der Aufmerksamkeit ausdauernder beim Atmen bleiben zu können und es zu einer unnötigen Ablenkung geworden ist, kann darauf verzichtet werden. Für manche Menschen bedeutet die Anleitung, die Atemzüge zählen zu müssen einen zusätzlichen Stressfaktor, der mehr irritiert als beruhigt. Man kann sich dann entweder entschließen zu beobachten, wie man sich selbst unter Druck setzt oder man wählt einfach eine andere Variante der Atembeobachtung. Man kann auch immer nur bis drei zählen oder statt zu zählen einfach die Worte »ein« und »aus« verwenden.

- *Atembeobachtung mit Benennen:* Auch bei der Atembeobachtung kann man durch Benennen von auftauchenden Gedanken, Gefühlen, inneren Bildern, Körperempfindungen oder von Ablenkungen aus der Außenwelt Abstand gewinnen. So erleichtert oft das Etikettieren von Gedanken als »Gedanken«, ihren Fluss zu unterbrechen und wieder zum gewählten Fokus zurückzukehren.
- *Atembeobachtung mit Fokus Ruhe:* Normalerweise ist die Phase der Ausatmung mit Loslassen und Beruhigung und die Pause nach dem Ausatmen mit innerer Stille verbunden. Beim Fokus Ruhe eignen sich insbesondere diese beiden Phasen als Fokus.
- *Atembeobachtung mit Fokus Wandel:* Der Atem ist ein gutes Objekt, Verände-

rungen zu beobachten. Diesen einen Atemzug, der *jetzt* beobachtet wird, hat es genau so noch nie gegeben und wird es auch nie mehr wieder geben. Auf der anderen Seite sind er und der gegenwärtige Augenblick alles was Sie haben. Sie können sich bewusst machen, dass es immer wieder darum geht, diesen einen Augenblick, diesen einen Atemzug so bewusst wie möglich wahrzunehmen. Als ob das Leben mit diesem einen Atemzug zu Ende ginge und mit dem nächsten wieder neu begänne. Die sich wiederholende Formulierung »dieser eine Atemzug« benutzt auch der Benediktinermönch und Zen-Meister Williges Jäger in einer seiner Anleitungen.

- *Atembeobachtung mit Fokus auf Verbindung:* Man kann auch die verbindende Qualität des Atems ins Zentrum der Aufmerksamkeit stellen. Der Atem verbindet Innen und Außen und er verbindet einzelne Körperteile. So kann man den Strom des Atems von der Nasenspitze bis in den Bauch verfolgen und sich vorstellen, wie er darüber hinaus bis in die Fingerspitzen und Zehen fließt. Der mit dem Atem aufgenommene Sauerstoff gelangt in jede Körperzelle. Diese Vorstellung kann helfen, den Körper als Ganzes wahrzunehmen.

Ich bin mit dem Leben verbunden

- *Atembeobachtung mit Fokus auf Leid und auf Positives:* Bei einer aus dem tibetischen Buddhismus stammenden Übung (Tonglen) wird das Einatmen mit dem Aufnehmen von Leid, das Ausatmen mit dem Senden von Glück verbunden.

Umsetzung im Alltag

Die regelmäßige formale Praxis der Atembeobachtung führt dazu, dass es immer leichter und selbstverständlicher wird, den Atem auch im Alltag als Anker zu nutzen. Er wird zum Ruhepunkt, durch den der Geist »nach Hause« gebracht wird. Er wird auch zum Ausgangspunkt, von dem aus man sich bewusst anderen bedeutsamen »Objekten« der Innen- und der Außenwelt zuwenden kann. Die Umsetzung dieser Schritte findet sich auch in der alltagstauglichen *»Sanduhrübung«* *(siehe S. 150)* wieder. Auch bei jedem bewussten Innehalten bewährt es sich, ein, zwei oder mehrere Atemzüge bewusst zu beobachten. Jede sich ergebende Pause im Alltag kann man so zur Übung der Atembeobachtung nutzen.

ACHTSAMES LIEGEN: DER BODYSCAN

CD 1
Track 2

Beschreibung

Im »Bodyscan« wird der ganze Körper mit Aufmerksamkeit durchwandert und wie mit einem Scheinwerfer Licht in jeden seiner Winkel gebracht. Man lernt, ihn wohlwollend und in seinen Einzelheiten immer feiner wahrzunehmen. Dazu konzentriert man sich nacheinander auf einzelne Körperteile und dazwischen wird immer wieder eine ganzheitliche Wahrnehmung des Leibes angeregt.

Die Aufmerksamkeit bleibt dabei auf die unmittelbare Wahrnehmung des Körpers gerichtet. Die Übung stellt für manche Menschen eine Herausforderung dar, weil man auch mit Teilen des Körpers in Kontakt kommen kann, die man nicht mag, die sich unangenehm anfühlen oder die man bisher gar nicht gespürt hat. Während der Übung auftauchende Gedanken, innere Bilder, Erinnerungen und Gefühle sollten als solche erkannt und eventuell benannt werden. Ziel ist es, beständig im Wahrnehmungs-Zustand zu bleiben und möglichst frühzeitig zu bemerken, wenn man – ohne es beabsichtigt zu haben – in einen Denk-Zustand umschaltet, um dann wieder zur unmittelbaren Wahrnehmung zurückzukehren *(siehe S. 45)*.

Zur Selbsterforschung kann es dabei durchaus interessant sein, welche Gedanken, Erinnerungen oder gar Geschichten die Wahrnehmung der einzelnen Körperteile auslöst – allerdings vor allem dann, wenn man die Beobachtungsposition halten kann: Also wenn man in der Lage ist zu beobachten, wohin die Gedanken gehen, ohne dabei das Bewusstsein über den gegenwärtigen Moment zu verlieren. Es ist auch nützlich, zu bemerken, wenn sich ein kritischer Umgang mit dem eigenen Körper einstellt – dann hat man die wohlwollende Beobachterposition verloren und damit die Gelegenheit, einen kritischen Persönlichkeitsanteil mit seinen Bewertungen im Entstehen zu beobachten.

Übungsfelder

Die Wahrnehmung des Körpers wird erweitert und verfeinert und ein wohlwollender Kontakt mit ihm wird geübt. Dabei wird es möglich, Ganzheit, Leiblichkeit und Lebendigkeit bewusst zu erleben. Im Sinne der Selbsterforschung kann man beobachten, was die Wahrnehmung einzelner Körperteile auslöst – etwa welche Gedanken, Erinnerungen und Gefühle auftauchen oder welche Geschichten man sich innerlich zu erzählen beginnt.

Vorbereitung

Es empfiehlt sich, die Übung in Rückenlage auf einer warmen, festen Unterlage auf dem Boden liegend durchzuführen und die Augen dabei geschlossen zu halten. Grundsätzlich ist es aber in jeder Haltung möglich, den Körper zu durchwandern. Wenn es nicht möglich ist, in Rückenlage einigermaßen entspannt zu liegen, kann man ein Kissen oder ähnliches unter den Kopf oder auch unter die Knie legen. Die Übung ist auch in Seitenlage möglich. Wichtig ist vor allem, wach zu bleiben. Dazu kann man auch die Augen offen halten oder sie zwischendurch öffnen.

Dauer

Die Übungsanleitung auf der CD dauert etwa 18 Minuten und stellt die Minimal-Variante eines Bodyscan als formale Praxis dar. Durch Anhalten der CD zwischendurch oder kurz vor ihrem Ende kann die Übung beliebig verlängert werden. Im MBSR-Programm wird eine Übungsdauer von etwa 45 Minuten vorgegeben.

Quellen

Die Übung ist Teil des am weitesten verbreiteten Vipassana Ansatzes (Achtsamkeitstraining nach S. N. Goenka) und wird dort als »Body Sweeping«, »Körperhineinkommen«, als »systematische Empfindungsbeobachtung« oder als »systematisches Körperscannen« bezeichnet. Sie beruht auf der Betonung der »körpergerichteten Bewusstheit« durch Buddha. Eine wichtige Textstelle zu diesem Thema lautet: »In den ganzen Körper rundherum hineinspürend, werde ich einatmen. In den Körper rundherum hineinspürend, werde ich ausatmen.«[29]

Varianten

- *Vorübung durch Intensivierung mittels Klopfen oder Massieren:* Das Wahrnehmen und Spüren des Körpers ist Übungssache. Viele Menschen sind es nicht gewohnt oder haben es verlernt, den eigenen Körper zu spüren. Sie sind überfordert, wenn man sie dazu auffordert, etwa den Oberschenkel, einen Fuß oder die Zehen zu spüren. Sie brauchen intensivere Reize, um bestimmte Körperteile oder die Körpergrenzen zu spüren. Wenn das der Fall ist, kann man damit experimentieren, zuerst einmal jene Körperteile, die man nicht spürt, zu massieren oder sie mit drei Fingern sanft zu beklopfen. Mit der Zeit lernt man dadurch dann die eigenen Körpergrenzen oder den Körper überhaupt deutlicher zu spüren.
- *Bodyscan mit besonderer Fokussierung des Atems:* Für eine ganzheitliche Wahrnehmung des Körpers kann man sich während der Übung vorstellen, die belebenden, beseelenden und verbindenden Qualitäten des Atems von der Körpermitte ausgehend in die einzelnen Körperteile hineinfließen zu lassen.
- *Bodyscan mit Fokus Wandel:* Es ist möglich, zu beobachten was sich trotz der Ruhelage im Körper verändert. Das kann die Atmung sein, der Blutfluss, feine Bewegungen, das kann ein Pulsieren, ein Vibrieren, ein Zusammenziehen oder ein Weit-Werden sein.
- *Bodyscan mit Fokus Angenehmes:* Sie können darauf achten, wo im Körper sich etwas angenehm anfühlt, etwa angenehm schwer oder leicht, warm oder kühl, lebendig, weit oder friedlich und ruhig.

Umsetzung im Alltag

Die Körperwahrnehmung und das innere Abtasten des Körpers kann in Kurzform – so wie im Bodyscan – in jeder Körperhaltung und zu jedem Zeitpunkt geübt werden.

CD 1
Track 3

ACHTSAMES STEHEN

Beschreibung

Beim achtsamen Stehen lernt man eine genauere Wahrnehmung des Körpers und seiner Selbstorganisation in der Senkrechten. Wenn er gesund ist, kann jeder Mensch aufrecht stehen, mit beiden Beinen am Boden, verbunden mit der Erde. Als Kind hat er gelernt, sich aufzurichten, mit der Schwerkraft umzugehen und in Balance zu bleiben. Er steht, sein Körper weiß, wie er in jedem Augenblick das Gleichgewicht hält, ohne dass er sich dessen bewusst ist. Beim achtsamen Stehen werden diese feinen inneren Abläufe bewusst.

Dauer

Die Übungsanleitung auf der CD dauert etwa zehn Minuten.

Vorbereitung, Ort

Es ist gut, die Übung barfuß, in Socken oder in flachen Schuhen auf einem nicht zu kalten, aber harten Boden durchzuführen.

Varianten

- *Achtsames Stehen mit gleichzeitiger Wahrnehmung des Atmens:* Man kann während des Stehens auch besonders auf den Atem achten und auf die Auswirkungen, die er auf den Körper hat und wie dieser sich im Rhythmus des Ein- und Ausatmens bewegt, in welche Richtungen er pendelt oder kreist. Dies ist eine Möglichkeit, den Fokus Wandel im Stehen umzusetzen.
- *Vorbereitung durch Klopfen oder Massieren:* Manchen Menschen bereitet es Schwierigkeiten, bestimmte Körperteile wahrzunehmen. In diesem Fall ist es möglich, bewusst wahrzunehmen, dass man eben diesen Körperteil nicht spürt und wie man es merkt, dass man nichts spürt. Oder man kann ihn als Vorbereitung – vielleicht auch als Teil der Übung – auf sanfte Weise spürbar machen. Man kann, als Beispiel, den Fuß bewegen und wahrnehmen, wie lang man die Bewegung der Zehen nachspüren kann. Man kann sie auch beklopfen, kneten oder massieren. Dann kann man versuchen, den Unterschied zwischen dem massierten und dem noch nicht massierten Fuß wahrzunehmen.

Umsetzung im Alltag

Im Alltag kann jede Situation, in der man stehen muss, zum Üben genutzt werden, wie das Warten auf den Bus oder vor der Supermarktkasse.

CD 1
Track 4

ACHTSAMES GEHEN

Beschreibung

Das achtsame Gehen baut auf der Übung des achtsamen Stehens auf. Dabei werden die komplexen Bewegungsabläufe und die entsprechenden vorausgehenden Impulse beobachtet. Achtsames Gehen dient nicht dazu, sich fortzubewegen oder an einen anderen Ort zu gelangen. Es führt vielmehr mit jedem Schritt in den eigenen Körper, zu sich selbst und bringt damit den Geist »nach Hause«.

Vorbereitungen, Ort

Für die ersten Erfahrungen mit dieser Übung ist es sinnvoll, sich einen ungestörten Ort zu suchen, eher innerhalb eines Raumes, in dem eine Gehstrecke von mindestens zehn Schritten möglich ist. In der freien Natur hat die Übung eine andere Qualität, wenn man etwa am Morgen barfuß durch feuchtes Gras geht.

Dauer

Die Anleitung auf der CD dauert etwa elf Minuten.

Varianten

- *Gehen und Atmen verbinden:* Während man den Rhythmus des Gehens wahrnimmt, kann man sich zugleich dem Rhythmus der Atmung zuwenden. In welchem Verhältnis stehen die beiden Rhythmen zueinander? Sind sie in einer bestimmten Weise synchronisiert? Lassen sie sich auf gute Weise miteinander verbinden? Wenn es anfangs schwierig ist, mehr als ein paar Schritte auf Bewegung und Atmung gleichzeitig zu achten, ist das ganz normal. Mit zunehmender Übung wird es leichter, beides zusammen wahrzunehmen.
- *Bewegungsimpulse wahrnehmen:* Spannend ist es, die Aufmerksamkeit auf das Zusammenspiel von Geist und Körper zu richten. Man kann dabei besonders darauf achten, wie ganz automatisch ein Impuls entsteht, den Prozess des Gehens durch das Anheben eines Fußes einzuleiten und wie selbstverständlich dieser in Bewegung umgesetzt wird.
- *Geschwindigkeit variieren:* Ein Aussteigen aus Automatismen kann auch beim Gehen durch Variieren der Geschwindigkeit gefördert werden. Dabei geht man langsamer oder schneller als im Autopiloten-Modus.
- *Körpergrenzen und Kontakt beim achtsamen Gehen:* Es ist möglich, sich die Grenzflächen des Körpers bewusst zu machen und die vielfältigen Kontakte, die dort entstehen. Dies kann ein Windhauch im Gesicht sein, die wärmende Sonne an den Armen oder der Kontakt mit dem Boden, etwa wie die Fußsohlen den Boden berühren und man vom Boden getragen wird.

- *Achtsames Gehen und Dankbarkeit:* Man kann beim Gehen auch Dankbarkeit kultivieren, indem man sich bewusst macht, welches feine Zusammenspiel vieler Körperfunktionen notwendig ist, um das Gehen zu ermöglichen. So kann man in dem Bewusstsein gehen, dass dies keineswegs für alle Menschen selbstverständlich ist und dabei ein Gefühl von Dankbarkeit einladen.
- *Achtsames Gehen und die Außenwelt:* Während man den Körper und die Bewegungen wahrnimmt, kann ein Teil der Aufmerksamkeit der Außenwelt gewidmet werden. Man kann sehen, hören, riechen, die umgebende Luft spüren, die Wärme und Kühle im Gesicht oder die Kleidung auf der Haut. Dazu kann man mit offener, ungerichteter Aufmerksamkeit einfach beobachten, was im Feld des Gewahrseins auftaucht oder aber sich vornehmen, eine Weile lang gleichzeitig nur zu spüren und zu sehen oder gleichzeitig zu spüren und zu hören oder gleichzeitig zu spüren und zu riechen. Diese Übung eignet sich offensichtlich besonders für die freie Natur.
- *Achtsames Gehen in achtsames Laufen übergehen lassen:* Jene Menschen, die joggen oder mehr Bewegung suchen, können das Laufen mit der Achtsamkeit verbinden. Nach einem langsamen Beginn, bei dem die Aufmerksamkeit bei den Kleinigkeiten des Bewegungsablaufes verweilt, kann man schrittweise schneller werden und das Gehen in ein Laufen übergehen lassen und dabei die Körperempfindungen und Bewegungen weiter so genau wie möglich beobachten.

Umsetzung im Alltag

Gehen ist bei vielen Menschen ein fixer Bestandteil des Alltags, dem sich die Qualität der Achtsamkeit verleihen lässt. Auch dabei ist es sinnvoll, sich kleine, realisierbare Ziele zu setzen, etwa eine bestimmte Gehstrecke achtsam zu gehen. Dies können die ersten fünf Stufen im Treppenhaus am Arbeitsplatz sein, die letzten Schritte vor dem Betreten des eigenen Arbeitszimmers oder die Schritte zur Wohnungs- oder Haustüre, wenn man nach Hause kommt.

Ich komme an, wo ich bin

Quellen

Lehrrede von den Grundlagen der Achtsamkeit. Im Zen wechseln sich stilles Sitzen (Zazen) und aufrechtes Gehen im Rhythmus der Atmung (Kinhin) ab. In dem Film »Schritte der Achtsamkeit«[30] wird Thich Nhat Hanh auf einer Pilgerreise in Indien begleitet, die Ruhe wird dort auch in der Bewegung eindrucksvoll spürbar.

ACHTSAM INNEN UND AUSSEN WAHRNEHMEN

CD 1
Track 5

Beschreibung

Es wird geübt, die Aufmerksamkeit zwischen Innen- und Außenwelt bewusst zu teilen. In den ersten Minuten der Übung wird ähnlich wie im Bodyscan der Körper wahrgenommen. Vom Bodenkontakt ausgehend fokussiert man zunächst einzelne Körperteile, um dann das Feld der Aufmerksamkeit schrittweise zu erweitern und schließlich den ganzen Körper wahrzunehmen. Dann wird eingeladen, das Gewahrseinsfeld zu weiten – das Hören dazu zu nehmen während der Körper weiter gespürt wird: spüren und hören. Im dritten Schritt bleibt wieder ein Teil der Aufmerksamkeit beim Spüren des Körpers, ein anderer beim Hören, während durch behutsames Öffnen der Augen das Sehen dazu kommt.

Der amerikanische Bewusstseinsforscher Charles Tart – einer der Begründer der transpersonalen Psychologie – empfiehlt, den Tag am Morgen mit dieser Übung zu beginnen. Als »Morgenübung« stimmt sie darauf ein, sich während des Tages immer wieder an sich selbst zu erinnern und den Körper nicht zu vergessen. Die Übung ist Ausdruck einer Haltung, der Außenwelt *und* der Innenwelt, anderen *und* sich selbst *gleichermaßen* Aufmerksamkeit zu schenken.

Selbsterinnern statt Selbstvergessen

Vorbereitung, Ort, Zeitpunkt

Es ist günstig, die Übung unmittelbar nach dem Aufwachen zu beginnen. Wer dabei im Bett liegen bleibt, begibt sich allerdings in die Gefahr, wieder einzuschlafen. Aufrechtes Sitzen auf einem Stuhl wirkt dem Einschlafen entgegen. Manche Menschen brauchen auch erst einmal ihren Kaffee oder ihr Frühstück, um in Schwung zu kommen. Anderen, deren Gedanken sich schon unmittelbar nach dem Aufwachen mit dem Tagesplan beschäftigen, sei allerdings geraten, die Übung möglichst bald zu beginnen.

Dauer

Die Anleitung auf der CD dauert etwa zehn Minuten. Die Übung lässt sich aber auch verkürzen oder verlängern. Entscheidend ist, dass man bewusst mit den einzelnen Körperteilen Kontakt aufgenommen hat, bevor die beiden anderen Sinne integriert werden.

Quelle

Charles Tart bezieht sich auf die Tradition von Georges I. Gurdjieff, in der es wesentlich um »Selbsterinnern« im Alltag geht.[31]

Varianten

- *Pendeln zwischen Sehen und Spüren:* Den meisten Menschen fällt es zunächst einmal schwer, zu schauen und gleichzeitig zu spüren. Dann lässt sich auch mit dem Öffnen und Schließen der Augen spielen. Dazu richtet man in einem ersten Schritt die Wahrnehmung mit geschlossenen Augen auf ein Spüren des Körpers. Dann öffnet man behutsam die Augen und beobachtet, inwieweit dann noch neben dem Sehen das Spüren gelingt. Wenn es nicht oder kaum möglich ist, schließt man die Augen wieder und geht zurück ins Spüren. Durch diese Pendelbewegung lernt man mit der Zeit immer länger gleichzeitig zu spüren und zu sehen.
- *5-4-3-2-1-Übung:* Sie beginnt damit, sich zunächst nacheinander auf fünf Dinge zu konzentrieren, die man im Augenblick in der Umgebung sehen kann und sie dabei laut oder in Gedanken zu benennen. Im nächsten Schritt bemerkt und benennt man fünf Dinge, die zu hören sind. Schließlich benennt man fünf Dinge, die zu fühlen sind, z. B. die Temperatur, der Kontakt der Füße mit der Erde oder die Stellung der Körperteile zueinander. Anschließend wiederholt man dies mit vier Dingen, die gesehen, gehört und gespürt werden können, dann mit drei Dingen, dann mit zwei und schließlich mit einem. Diese Übung lohnt sich besonders, wenn man von heftigen Gefühlen überschwemmt wird, z. B. von Angst. Im Sinne einer Reorientierung ins Hier und Jetzt hat sie sich auch als Albtraumtechnik bewährt, denn sie macht klar: »Der Albtraum ist vorbei!«

Umsetzung im Alltag

Um den eigenen Körper während des Tages nicht zu vergessen, kann man immer wieder innehalten und ihn bewusst wahrnehmen, etwa den Atem oder den Kontakt mit dem Boden. Es ist aber auch möglich, während anderer Tätigkeiten einen Teil der Aufmerksamkeit dem Körper zu widmen. Dadurch werden die eigenen Empfindungen und Bedürfnisse wahrgenommen. Der Körper spürt aber auch mit den Sinnen nach außen. Diese Verbindung zu intensivieren und diesen Sinn zu schärfen, gibt Orientierung und erleichtert den Umgang mit anderen Menschen.

ZOOMING

CD 1
Track 6

Beschreibung

Beim »Zooming« wählt der Übende bewusst aus, welchem Erleben er seine Aufmerksamkeit zuwendet. Er lernt, zwischen einer fokussierten und einer weiten, offenen Wahrnehmungsweise hin und her zu pendeln. Dazu holt man wie mit dem Teleobjektiv einer Kamera einen Aspekt der körperlichen Erfahrung nah heran, spürt ganz genau hin und zoomt ihn dann wieder weg. Damit kommt wieder das größere Bild des ganzen Körpers ins Gewahrseinsfeld.

Im Alltag wird man oft von einem Element der Erfahrung vollkommen eingenommen, vielleicht sogar regelrecht emotional »entführt«. Eine Beruhigung kann eintreten, wenn es gelingt, das Blickfeld zu erweitern und wieder das größere Ganze im Auge zu haben. Auf der anderen Seite ist es manchmal sinnvoll, sich bewusst einem auftretenden Erleben zuzuwenden, das immer auch eine körperliche Dimension hat. Diese zweite Fähigkeit wird auch bei späteren Übungen im Umgang mit den Persönlichkeitsanteilen genutzt. Sie öffnet einen Weg zum biografischen Verständnis des eigenen Fühlens, Denkens und Verhaltens. Es ist grundsätzlich sehr hilfreich, die Wahl zu haben, ob man etwas fokussiert, um es genauer zu betrachten oder man das große Ganze im Auge behält bzw. eben zwischen beiden Betrachtungsweisen hin und her pendelt.

Vorbereitung und Haltung

Die Übung kann in jeder Körperhaltung ausgeführt werden: sitzend, liegend oder stehend, grundsätzlich auch in Bewegung. Sie bedarf keiner speziellen Vorbereitung.

Dauer

Die Anleitung auf der CD dauert etwa acht Minuten. Die Übung kann auch entsprechend verkürzt oder verlängert werden. Entscheidend ist es, beide Pole (nah und fern) bewusst wahrzunehmen und die Pendelbewegung auszuführen, so oft es passend erscheint.

Übungsfeld

Man lernt den Fokus zu erweitern und zu verengen und zwischen beiden Perspektiven zu pendeln. Es wird erforscht, was passiert, wenn man den Blick auf das Ganze richtet und wenn man ein Detail untersucht. Die Aufmerksamkeitslenkung wird bewusst und kann damit willentlich gesteuert werden.

Variante

- *Zooming mit Fokus Veränderung:* Man könnte insbesondere darauf achten, welche Auswirkungen es auf das herangezoomte, im Detail beobachtete Objekt hat, wenn man zwischendurch immer wieder auch das Ganze wahrnimmt. Auf welche Weise verändert es sich?

Umsetzung im Alltag

Das Bild des Objektivs einer Kamera hat Parallelen zu dem des Scheinwerfers, der entweder die ganze Bühne des Lebens erleuchtet oder nur kleine Bereiche anstrahlt. Die Übung kann helfen, zu entscheiden, welche Form der Aufmerksamkeit im jeweiligen Moment nützlich ist. Damit ist man weniger den automatisch funktionierenden Mustern ausgeliefert, die wahrscheinlich nicht immer das tun, was wirklich weiter hilft.

ACHTSAME SELBSTBERÜHRUNG: DIE HAND AUF DER BRUST

CD 1
Track 7

Beschreibung

In dieser Übung wird die Wirkung einer Berührung mit der eigenen Hand untersucht. Dafür eignet sich der Brustbereich besonders, da dort für die meisten Menschen komplexe Empfindungen ausgelöst werden können. Eine Möglichkeit ist, dass sie regulierend und beruhigend wirkt. Es können auch Erinnerungen ausgelöst werden oder Sehnsüchte und noch vieles mehr. Im Alltag kann man beobachten, dass Menschen sich selbst manchmal spontan berühren ohne genau zu bemerken, was in ihnen passiert.

Dauer

Die Anleitung auf der CD dauert zehn Minuten. Wenn zur Erforschung einzelner Elemente der Übung mehr Zeit benötigt wird, kann man einfach die Pause-Taste drücken.

Varianten

- *Die Botschaft der Hand erforschen:* Gegen Ende der Übung kann man untersuchen, welche Botschaft die Hand für die Brust oder etwa das darunter liegende Herz hat. Dazu wartet man am besten in einer geduldig »lauschenden« Haltung, bis sich eine Botschaft enthüllt. Wenn man bemerkt, dass man angefangen hat nachzudenken, gilt es, einfach zum Spüren zurückzukehren.
- *Variationen mit den Händen:* Man kann damit experimentieren, die gleiche Stelle mit der anderen Hand zu berühren oder wie es ist, wenn die beiden Hände einander berühren oder bestimmte Haltungen einnehmen, wie zum Gebet, zur Faust geballt oder mit nach vorne, nach oben oder unten gerichteten Handflächen.
- *Variationen des Ortes der Berührung:* Man kann auch Berührungen in anderen Bereichen des Körpers erforschen, etwa am Bauch, an den Oberschenkeln oder am Kopf z. B. an der Stirn oder den Hinterkopf haltend.
- *Berührung durch jemand anderen*: Man kann sich auch von jemand anderem behutsam, langsam und forschend berühren lassen *(vgl. Übung »Achtsamkeit in der Begegnung zu zweit: Eine Berührung« S. 145; Übung 6/CD 2).*

Anwendung im Alltag

Es könnte interessant sein, sich eine Zeit lang dabei zu beobachten, wann und wo man sich im Alltag spontan selbst berührt. Gerade diese Berührungen in Achtsamkeit genauer zu erforschen, kann Auskunft über wichtige Bedürfnisse geben. Wenn bestimmte Selbstberührungen eine gute Wirkung haben, bietet es sich an, sie auch ganz gezielt, bewusst und mit Achtsamkeit einzusetzen.

CD 2
Track 1

ACHTSAMES EXPERIMENTIEREN MIT DEM ATEM

Beschreibung

Die Anleitung beginnt mit der vertrauten Atembeobachtung. Sie geht dann einen Schritt weiter und regt an, die Ausatmungsphase ein wenig zu verlängern. Die Auswirkungen dieser Veränderung des Atemrhythmus auf den ganzen Körper werden beobachtet.

Bei Angst und Anspannung atmet man oberflächlicher, schneller und mehr in die Brust. Es kann so weit gehen, dass man das Gefühl hat, keine Luft zu bekommen und ein weiteres Einatmen nicht möglich ist, weil die Lunge ohnehin schon mit Luft gefüllt zu sein scheint. Das Ausatmen gerät dabei aus dem Fokus. Geistige und körperliche Ruhe sind meist mit einer langsameren und vertieften Bauchatmung verbunden. Um sich zu regulieren, kann man die beruhigende Aktivierung des Parasympathikus in der Ausatmungsphase nutzen, indem man diese in einem achtsamen Zustand ganz leicht verlängert *(siehe auch »Atmen als Objekt«, S. 37)*.

Dauer

Die Anleitung auf der CD dauert etwa acht Minuten. Auch hier ist es möglich, die Pause-Taste zu drücken, wenn mehr Zeit benötigt wird.

Quellen

Der Atem und seine bewusste Beeinflussung spielen in vielen Traditionen eine zentrale Rolle bei der Schulung des Körpers und des Geistes. In der Achtsamkeitspraxis wie sie hier vertreten wird, geht es aber in erster Linie *nicht* um eine Beeinflussung, sondern um die Wahrnehmung dessen, was ist. Allein die genaue Wahrnehmung hat allerdings schon verändernde Wirkung. Insofern ist diese Übung darauf angelegt, die Veränderungen zu beobachten, die sich spontan einstellen, wenn man die Atmung auch nur wenig beeinflusst.

Umsetzung im Alltag

Allein schon den Atemrhythmus zu beobachten gibt Aufschluss über den jeweiligen Zustand und verändert die Atmung. Die Ausatmung ins Zentrum der Aufmerksamkeit zu nehmen, kann eine beruhigende Wirkung haben.

CD 2
Track 2

ACHTSAMES SPÜREN VON SPANNUNG UND ENTSPANNUNG

Beschreibung

In dieser Übung wird die Wirkung des Wechselspiels zwischen Anspannung und Entspannung erforscht. Der erste Schritt gilt der Erforschung des Körpers mit der Frage, ob sich irgendwo Spannungen finden. Dann wird eine Region für eine genaue Untersuchung ausgesucht. Es folgt ein Pendeln zwischen Muskelanspannung und Entspannung. Dabei entsteht einerseits ein höheres Bewusstsein für angespannte Muskeln, andererseits erkundet man auch die mit Entspannung verbundenen Zustände. Eine nützliche Nebenwirkung der Übung kann sein, dass dieses Wechselspiel auch generell Entspannung fördert.

Dauer

Die Anleitung auf der CD dauert nicht ganz elf Minuten. Wie immer kann die Pause-Taste genutzt werden, um die Übungsdauer zu verlängern.

Übungsfelder

Die Übung stärkt bestimmte Aspekte des Körperbewusstseins, indem sie Einsichten in muskuläre Stressmuster fördert und erkennen lässt, wie sie aussehen, sich organisieren und vielleicht auch, womit sie zusammenhängen. Durch den Wechsel von Spannung und Entspannung werden auch feinere Zwischenstufen im Spannungszustand der Muskulatur deutlicher und vielleicht auch, welche Art von Gedanken und Erfahrungen diese Spannungsmuster beeinflussen. Umgekehrt kann auch erfahren werden, wie muskuläre Anspannung die Weltsicht verändert und wie Verhärtungen Beziehungen beeinflussen.

Ursprung der Übung

»Einfach« loszulassen wird oft und gerne empfohlen. Doch ist das leichter gesagt als getan. Loslassen wird dadurch vereinfacht, dass man mit dem muskulären Gegenpol der Entspannung, also dem Anspannen, beginnt. Mit jedem Übungsschritt schaukelt man sich – bildlich gesprochen – immer mehr in das Loslassen und Entspannen hinein. Bei häufiger Wiederholung stellt sich zusätzlich eine meist angenehme Ermüdung ein. Nach diesem Prinzip wirkt auch die »Progressive Muskelentspannung« nach Edmund Jacobson.

Varianten

- *Die Absicht der Anspannung erforschen*: Eine Frage der Übungsanleitung zielt bereits in diese Richtung: »Was scheint diese Spannung im Körper machen zu wollen, was will sie erreichen?« An dieser Stelle kann man länger verweilen und Bilder und Situationen auftauchen lassen, in denen sich diese Spannung im Alltag zeigt. Man verweilt damit bei dem darin enthaltenen Impuls und kann sich fragen: »Was will er?« Nachdem die beobachtete Spannung genau erforscht und vertraut geworden ist, wird sie auch im Alltag leichter bemerkt und ist dann für die Selbstregulierung besser zugänglich.
- *In verspannte Körperregionen hineinatmen*: Was passiert, wenn man bewusst in verspannte Körperregionen hineinatmet? Wie verändern sie sich beim Einatmen und beim Ausatmen? Wie fühlen sie sich in der Stille der Pause nach dem Ausatmen an? Diese Variante wendet den Fokus Wandel auf Verspannungen an.

Umsetzung im Alltag

Die eigene Körperhaltung kann man sich grundsätzlich immer bewusst machen. Sie ist das Ergebnis von *aktuellen* muskulären Anspannungen, wirkt aber, wenn sie häufig eingenommen wird, auf die *chronische* Organisation des Muskelsystems zurück. Der Alltag bietet viele kleine Momente, in denen man wie beim Bodyscan den Körper auf Spannungen absuchen kann. Es ist oft überraschend, dass sich im Moment des Gewahrwerdens die Anspannung wie von selbst löst. Wenn das nicht passiert, kann man mit Spannung und Entspannung experimentieren und sich so seine Spannungsmuster bewusst machen. Manchmal entspannt sich dann doch noch etwas von alleine.

CD 2
Track 3

ACHTSAMER UMGANG MIT UNANGENEHMEM: DIE EISWÜRFELÜBUNG

Beschreibung

Diese Übung ist für viele Menschen eine besondere Herausforderung, weil dabei der Umgang mit schwierigem oder schmerzhaftem Erleben erkundet wird. Ihr Fokus liegt auf einer besonderen Qualität, die das Training von Achtsamkeit hervorbringen kann: Einer Toleranz gegenüber zunächst aversivem Erleben. Sie zeigt einen Weg, der insbesondere solchen Anteilen der Persönlichkeit helfen kann, die dazu neigen, andere Menschen oder zahlreiche Lebenssituationen abzulehnen.

Achtsam zu sein und ohne Bewertung akzeptierend wahrzunehmen, was ist, fällt leichter, wenn man sich neutralen oder angenehmen Reizen zuwendet. Unangenehmen Empfindungen, wie etwa Schmerzen, versucht man in der Regel auszuweichen – man vermeidet sie, wo es möglich ist. Die Übung regt neue und vielfach überraschende Erfahrungen im Umgang mit unangenehmem Erleben an. Man kann beobachten, welche Automatismen man entwickelt hat, um mit Unangenehmem umzugehen. Man lernt Impulse wahrzunehmen, die in diese Richtung gehen, ohne ihnen unmittelbar nachgeben zu müssen. Und man stellt vielleicht fest, dass man dort neugierig werden kann, wo zuvor nur Abwendung möglich schien.

Die Empfindungen des kalten, phasenweise vielleicht sogar als schmerzhaft empfundenen Eiswürfels in der Hand bieten die Chance, auch in dieser schwierigen Situation eine interessierte und akzeptierende Haltung zu kultivieren. Diese ist dann auch auf andere emotional schwierige Situationen übertragbar. Hintergrund der Übung ist die These, dass der *Schmerz zu Leiden wird, indem man ihn ablehnt*. Wenn keine Ablehnung vorhanden ist, entsteht auch kein Leiden. In der Übung kann man diese These für sich überprüfen. Welche Auswirkungen hat es, Schmerz einfach nur Schmerz sein zu lassen, ihn aus einer neutralen Haltung heraus zu untersuchen und sich ihm wohlwollend zuzuwenden?

Eine zweite These ist die, dass Schmerz oft dadurch überwältigt, dass die körperliche Erfahrung heftige Gefühle, Impulse, Gedanken und innere Bilder auslöst und dass die *De-Konstruktion*, die beobachtende Zerlegung der Erfahrung in ihre einzelnen Bestandteile, sie handhabbarer macht. In diesem Sinne wird in der Anleitung nach Empfindungen, automatischen Impulsen, Gedanken, inneren Bildern, Erinnerungen und anderen Reaktionen gefragt.

Eine dritte These besagt, dass das Vermeiden bestimmter Erfahrungen mit dazu beitragen kann, Leid zu verstärken und Lösungen zu verhindern. So wird in der Übung speziell auf *Muster des Vermeidens* und Ausweichens geachtet.

Vorbereitung und Auswertung

Es hilft, einen passenden Zeitpunkt zu wählen, an dem man neugierig und interessiert ist, sich mit unangenehmen Empfindungen auseinander zu setzen. Und es ist erst dann sinnvoll, die Übung zu machen, wenn man bereits gute Fähigkeiten erworben hat, sich achtsam zu beobachten. Zudem sollte ein Rahmen gewählt werden, in dem es nichts ausmacht, wenn das Schmelzwasser des Eiswürfels auf die Kleidung, den Körper oder den Boden tropft.

Im Sinne der Selbsterkenntnis und zum Transfer in den Alltag ist es sinnvoll, sich nach der Übung Zeit zur Reflexion zu nehmen: Was ist genau passiert? Welche Komponenten hatte die Erfahrung und in welcher Reihenfolge traten diese auf? Welche Impulse sind automatisch aufgetreten? Versuchen ähnliche Impulse mich auch sonst in schwierigen Situationen zu schützen, etwa im zwischenmenschlichen Bereich? Wie wirken sich diese aus? Welche Persönlichkeitsanteile werden im Umgang mit Schmerz aktiviert? Welche Beschützer oder vielleicht auch verletzlichen Anteile melden sich?

Dauer

Die Anleitung auf der CD dauert etwa neun Minuten. Wenn man zur Erforschung einzelner Teile der Übung länger braucht, einfach die Pause-Taste drücken.

Variante

- *Zum Schmerz hin atmen:* Man kann speziell darauf achten, welche Auswirkungen der Atemrhythmus, das spontane Ein- und Ausatmen auf den Schmerz haben. Man kann sich vorstellen, in den Schmerz hinein zu atmen und dabei beobachten, was passiert (Fokus Wandel). Man kann sich auch vorstellen, den Atem mit einer wohlwollend akzeptierenden und mitfühlenden Qualität zu verbinden (Fokus Positives).

Quelle

»Eis-Meditation« zur Kultivierung heilsamer Präsenz.[32]

CD 2
Track 4

ACHTSAME EINLADUNG UND ERFORSCHUNG EINES PERSÖNLICHKEITSANTEILS

Beschreibung

Diese Übung lädt ein, sich einem Anteil der Persönlichkeit zuzuwenden und ihn genauer kennen zu lernen *(siehe Abschnitt »Das Teilemodell: Achtsamkeit zur Erforschung der Selbstorganisation«, S. 63)*.

Zunächst ist es wichtig, eine klare Entscheidung zu fällen, mit welchem seiner Anteile man sich beschäftigen möchte. Dann nimmt man sich Zeit, diesen als *Zustand* in sich erwachen zu lassen. Vielen Menschen gelingt dies, indem sie sich in eine Situation zurückversetzen, in der er aktiviert war. Als nächstes werden die körperlichen und emotionalen Muster, Gedankenabläufe und Impulse erforscht, die mit diesem Zustand bzw. Anteil verbunden sind. Während man den Zustand leicht aktiviert hält und beobachtet, findet man für ihn ein Bild oder ein Symbol und gibt ihm einen Namen. Da jeder Persönlichkeitsanteil eine positive Absicht verfolgt, spürt man nach, wie dieser Teil möglicherweise versucht zu helfen, vielleicht auch etwas zu schützen. Als Nachbearbeitung der Übung ist es nützlich, die wichtigsten Details und den Namen des Zustands aufzuschreiben.

Vorbereitung und Auswertung

Für die erstmalige Durchführung dieser Übung ist es gut, sich einen Zustand auszusuchen, in den man gelegentlich kommt und mit dem man nicht ganz in Frieden ist. Um nach der Übung Notizen machen zu können, sollte man Schreibmaterial bereit halten.

Dauer

Die Anleitung auf der CD dauert nicht ganz elf Minuten. Wenn man für einzelne Schritte der Übung länger braucht, ist es sinnvoll, sich mehr Zeit zu geben und zwischendurch die Pause-Taste zu drücken.

Übungsfelder

Man lernt einen möglicherweise zunächst ungeliebten oder schwierigen Persönlichkeitsanteil näher kennen und verstehen. Man pflegt ihm gegenüber eine wohlwollende Haltung, um ihm mit der Zeit einen angemessenen Platz im »inneren Team« zu geben. Durch den Wechsel in die Beobachterposition erfolgt eine Disidentifikation von dem Persönlichkeitsanteil. Dazu verhilft auch sein Benennen mit einem anschaulichen Namen, der seinen Charakter freundlich, vielleicht sogar mit Humor erfasst. Wenn man nach und nach mit unterschiedlichen Persönlichkeitsanteilen Kontakt aufgenommen hat, bekommt man ein immer vollständigeres Bild vom »inneren Team« oder der »inneren Landschaft«. Man kann dann eine »innere Landkarte« visualisieren und konkret gestalten *(siehe S. 65)*.

Quellen

Modell der »Inneren Familie« (IFS) *(siehe S. 162)* und der »Selbstführung« *(siehe S. 165)*.

Anwendung im Alltag

Die Erforschung von Persönlichkeitsanteilen ist besonders dann sinnvoll, wenn diese in bestimmten Situationen die eigenen Möglichkeiten einschränken, in unangenehmen Gefühlen gefangen halten oder zu problematischen Reaktionen führen. Sie sich vertrauter zu machen, lohnt sich aus mehreren Gründen: Man kann das Auftauchen des Zustandes immer frühzeitiger bemerken, um sich zu regulieren und sich nicht von ihm entführen zu lassen. Es wird auch möglich, rechtzeitig dafür zu sorgen, Platz für Zustände zu machen, die für die jeweilige Situation angemessener sind. Und man kann die positive Absicht des Teiles verstehen und diese auf sinnvolle Weise berücksichtigen. Vor allem aber führt dieser Weg zu einem stärkeren Gefühl persönlicher Integration und innerer Ruhe.

ACHTSAMER INNERER DIALOG

CD 2
Track 5

Beschreibung

Ein achtsam geführter innerer Dialog hilft, die Beziehung zu inneren Anteilen zu pflegen, sie zu unterstützen und für eine gute Integration in die Gesamtpersönlichkeit zu sorgen *(siehe Abschnitt »Das Teilemodell: Achtsamkeit zur Erforschung der Selbstorganisation«, S. 63)*.

Nachdem man sich klar geworden ist, welchem Teil man seine Aufmerksamkeit schenken will, braucht es zunächst Zeit, ihn in sich zu spüren. Man tut das in der Weise, wie es aus der Übung der Kontaktaufnahme mit einem Persönlichkeitsanteil schon bekannt ist. Wenn man ihn gut wahrnehmen kann, als Körperzustand, innere Stimme oder inneres Bild, wird untersucht, ob es gelingt, eine wohlwollende und anteilnehmende Haltung ihm gegenüber zu finden, eben die Haltung des »Selbst« *(siehe S. 67)*, die aus dem Beobachter erwächst. Dann lässt man ihm aus dieser Haltung heraus eine Botschaft zukommen und beobachtet seine Reaktion. So kann ein anerkennender und auch erforschender Dialog entstehen.

Auch wenn es für manche Menschen bei den ersten Versuchen nicht leicht ist, kann man mit der Zeit lernen, eine solche Verbindung aufzubauen und insbesondere für belastete innere Anteile zu sorgen. Mit einiger Übung entwickelt sich die Fähigkeit, Persönlichkeitsanteile immer genauer kennen zu lernen und auf eine Weise mit ihnen zusammenzuarbeiten, welche die innere

Harmonie fördert. Das große Ziel ist, eine gute Beziehung zwischen dem beobachtenden, übergeordneten »Selbst« und den inneren Anteilen zu fördern.

Gute Beziehungen zu allen meinen Teilen pflegen

Man kann sich jenen Teilen zuwenden, die beschützende Rollen haben, aber auch jenen, die als beschützte Teile gleichsam hinter ihren Beschützern Schutz finden. Sie sind besonders verletzlich und empfindsam und tragen oft kindliche Züge.

Die zentrale Frage bei dieser Übung ist, ob es gelingt, tatsächlich die Haltung jener übergeordneten Instanz einzunehmen, die akzeptierend, interessiert, anteilnehmend und allparteilich ist. Oft übernehmen Persönlichkeitsanteile den Dialog, die kritisch, ablehnend oder auch nicht wirklich mitfühlend sind. Es kann dann schwierig sein zu erkennen, ob nicht ein ganz gewöhnlicher Persönlichkeitsanteil nur die Rolle des übergeordneten »Selbst« spielt, ohne wirklich mitfühlend, offen und verstehend zu sein. Dies kann man auch daran merken, dass der angesprochene Anteil nicht positiv reagiert, sondern sich gar nicht zeigt, nicht mitmacht oder sich zurückzieht. So braucht es oft einige Übung, bis ein solcher Dialog gelingt und angenehm wird. Dann wird es möglich, solche Dialoge in sehr kurzer Zeit, manchmal nur in Sekunden und auch mitten im Alltag zu führen.

Vorbereitung und Auswertung

Für den inneren Dialog ist es gut, die Übung der achtsamen Kontaktaufnahme mit diesem Persönlichkeitsanteil *(siehe S. 138; Übung 4*/CD *2)* schon ein paar Mal gemacht zu haben. Dadurch entsteht eine gewisse Vertrautheit mit dem Teil und es ist leichter, schon vor der Übung zu entscheiden, ob man sich vorstellen kann, ihm gegenüber eine achtsame Haltung zu finden. Die Wirkung des Dialogs verstärkt sich, wenn man die Übung nachwirken lässt und sich die wichtigsten Punkte notiert. Dazu ist es sinnvoll, Schreibmaterial bereit zu halten.

Dauer

Die Anleitung auf der CD dauert etwa 16 Minuten. Wenn man für einzelne Schritte der Übung länger braucht, einfach die Pause-Taste drücken.

Quellen

Modell der »Inneren Familie« (IFS) *(siehe S. 162)* und der »Selbstführung« *(siehe S. 165)*.

Umsetzung im Alltag

Wie schon durch die Übung der Kontaktaufnahme mit einem Persönlichkeitsanteil, wird es auch hier möglich, die Bedürfnisse und Betrachtungsweisen eines Teils immer selbstverständlicher mit zu berücksichtigen. Dies erspart ihm, sich mit drängenden oder versteckten Verhaltensweisen oder körperlich bemerkbar zu machen. Dann wird es ihm sogar möglich, manchmal zurückzutreten und abzuwarten, bis er an die Reihe kommt. Dies geschieht, wenn er weiß, dass seine Anliegen insgesamt nicht übersehen werden. Falls er sich dann meldet, kann man ihn gelassener beobachten und im Alltag hilft dann oft schon ein kurzer innerer Dialog, um ihn zu beruhigen. Bei der Nachbearbeitung von schwierigen Situationen kann der innere Dialog dabei helfen, das innere Kräftespiel besser zu verstehen und damit in Frieden zu kommen.

ACHTSAMKEIT IN DER BEGEGNUNG ZU ZWEIT: EINE BERÜHRUNG

CD 2
Track 6

Beschreibung

Die Übung lädt ein, gemeinsam mit einem vertrauten Menschen verschiedene Aspekte einer Berührung zu erforschen. In diesem Fall ist das die Berührung der Hände. Dafür werden zunächst zwei Rollen festgelegt: Person A hat während der ganzen Übung eine eher passive Rolle. B übernimmt den aktiven Teil und bewegt sich auf A zu. B's Hand erforscht dann auch die Hand von A. Beide beobachten im Zustand der Achtsamkeit ihr eigenes Erleben, z. B. wie es ihnen mit der aktiven oder passiven Rolle geht. Vor allem wird das Erleben der Erwartung, der Annäherung und der Berührungen erforscht und wie es ist, nach der Berührung wieder allein zu sein. Nach der Übung kann man die Erfahrungen austauschen.

Oft besteht die Vorstellung, Achtsamkeit sei etwas, das jeder Mensch nur für sich alleine praktiziert. Doch Achtsamkeit eröffnet auch wertvolle Möglichkeiten, Beziehungen zu verstehen und zu vertiefen. Grundsätzlich kann jede Begegnung zweier Menschen achtsam erfahren werden. Eine Berührung und andere Arten der Begegnung werden durch Achtsamkeit intensiviert, differenzierter erlebbar und in ihrer Bedeutung besser erfasst.

Vorbereitung

Vor der Übung ist es wichtig, dass beide Partner innerlich überprüfen, ob das Erleben dieser Berührung für ihre Beziehung angemessen erscheint. Falls einer der beiden etwas anderes als passend empfindet, können auch alternative Berührungen gewählt werden. Weiter unten sind dazu einige Möglichkeiten aufgeführt. Falls eine Variante vorgezogen wird, kann man die gesprochenen Anleitungen gedanklich an die jeweilige Situation anpassen. Es ist empfehlenswert, die Übung mit einem zeitlichen Abstand mit vertauschten Rollen zu wiederholen.

Dauer

Die Anleitung auf der CD dauert etwa 20 Minuten. Wenn für einzelne Schritte der Übung mehr Zeit benötigt wird, ist es wie immer wichtig, sich diese Zeit auch zu geben und einfach die Pause-Taste zu drücken.

Übungsfelder

Das bisherige Wissen über Aspekte der Beziehung wird vertieft, insbesondere über nicht bewusste Anteile. Man bemerkt beispielsweise, ob diese Berührung als erfüllend, bedrohlich, aufregend oder beruhigend erlebt wird. Man kann beobachten, welche Persönlichkeitsanteile im Kontakt mit dieser Person aktiviert werden. Und man übt, einander in wichtigen Momenten in Achtsamkeit und im Anfängergeist zu begegnen. Dabei ergeben sich oft überraschende neue Erfahrungen.

Varianten

- *Achtsame Berührung Rücken an Rücken:* Es ist auch eine Position möglich, in der beide Partner am Boden sitzend einander am Rücken berühren. Dabei kann der ganze Prozess der Annährung, des Anlehnens, des Stützens etc., detailliert beobachtet werden.
- *Berührungen anderer Körperteile*: Die Hand der aktiven Person kann auch den Rücken, die Füße, die Wangen und alle anderen Bereiche des Körpers berühren, die den einen oder anderen Partner neugierig machen. Innerhalb einer Übung erforscht man am besten immer nur die Berührung *einer* Körperstelle.
- *Achtsamer Blickkontakt:* Die wohl intensivste Form der Begegnung zweier Menschen besteht darin, einander in die Augen zu schauen. Um zu erforschen, wie es ist, wenn sich die Blicke begegnen, können sich die Partner einander gegenüber setzen und sich zunächst ein paar Minuten Zeit für Achtsamkeit nehmen. Während der gesamten Übung ist es hilfreich, mit der Aufmerksamkeit hauptsächlich bei sich selbst und dem inneren Erleben zu bleiben. Zu Beginn werden die Augen erst geöffnet, wenn man für den Kontakt bereit ist. Man kann auch zwischendurch jederzeit aus dem Kontakt gehen und dazu die Augen schließen, um wieder zu sich selbst zu finden. Man kann die Übung beliebig – beispielsweise auf 30 Minuten – ausdehnen. Ein anschließender Austausch ist empfehlenswert.

WEITERE ÜBUNGEN

Aus der Vielzahl der möglichen Übungen von Achtsamkeit sollen noch zwei sehr nützliche herausgegriffen und im Folgenden – ohne eine auf CD gesprochene Anleitung – beschrieben werden.

Übung: Offenes Gewahrsein

Eine bedeutsame Möglichkeit der Lenkung der Aufmerksamkeit ist das »offene Gewahrsein« oder die »Panoramische Aufmerksamkeit«.

Beschreibung

Offenes Gewahrsein heißt, das Feld der Aufmerksamkeit maximal zu weiten und für das gesamte Spektrum möglicher Erfahrungen offen zu halten. Es bedeutet gleichzeitige Offenheit für alles, was auftaucht, innen und außen und ohne Bevorzugung. Dabei steht nicht die Fähigkeit zur Konzentration, sondern die Möglichkeit zu neuen Einsichten im Vordergrund. Man nimmt dann von Augenblick zu Augenblick wahr, was im offenen, weit ausgespannten *Feld* der Aufmerksamkeit auftaucht, ohne irgendwo hängen zu bleiben. Dieses

»Reines« Wahrnehmen – Beobachten ohne Vorlieben und ohne Ablehnung

offene Gewahrsein ist besonders nützlich im Umgang mit den eigenen psychischen Prozessen, indem es allen Empfindungen, Gefühlen und Stimmungen, allen Gedanken und Bildern Raum gibt und sie registriert. Man kann sein Interesse insbesondere auch dem Unbekannten und Unerwarteten zuwenden, allem was sonst keine Aufmerksamkeit bekommt. So werden Entdeckungen über sich selbst möglich und ein tieferes Erforschen wichtiger, bisher wenig oder gar nicht beachteter Elemente des Erlebens.

Varianten

- *»Fließbandübung«:* Man widmet die Aufmerksamkeit der Innenwelt und beobachtet – wie vor einem Fließband sitzend – die Objekte der Wahrnehmung, die sich vorbei bewegen, die kommen und wieder gehen. Durch Benennen der Kategorien – z. B. Gedanke, Gefühl, Erinnerung, Bild oder Körperempfindung – sortiert man die einzelnen Objekte wie in Kisten.
- *»Mauselochübung«:* Man kann sich auch vorstellen, wie eine Katze vor einem Mauseloch zu sitzen und neugierig zu warten, was als nächstes im Feld des Gewahrseins auftaucht.
- *Fokussierung auf den Raum, die Stille, den Hintergrund:* Man kann auch die Aufmerksamkeit auf den Hintergrund, den Raum zwischen den Objekten, auf die Stille und die Leere, statt auf die Objekte selbst richten. Ein Beispiel dafür wäre, beim Betrachten des Himmels mit der Aufmerksamkeit bei seinem Blau statt bei den wechselhaften vorbeiziehenden Wolken zu verwei-

Zwei Möglichkeiten der Lenkung der Aufmerksamkeit: auf die Wolken als Vordergrund oder den Himmel als Hintergrund.

len. Fokus ist dabei der Grund, aus dem die Objekte auftauchen und in den sie wieder verschwinden.

Übung: Sanduhrübung

Zum Abschluss eine Übung, die offenes Gewahrsein und Atembeobachtung kombiniert. Sie wird stellvertretend für die vielen Möglichkeiten beschrieben, auch die anderen Übungen auf kreative Weise zu kombinieren.

Beschreibung

Die Übung hat drei Teile, so wie eine Sanduhr aus einem oberen Trichter, einer Engstelle und einem unteren Trichter besteht.

1. Der nach *oben offene Trichter* steht für das offene Gewahrsein. Damit beginnt die Übung. Man nimmt sich Zeit für eine kurze Bestandsaufnahme dessen, was im Augenblick im Außen wahrgenommen wird. Worauf ist die Aufmerksamkeit gerichtet? Dann folgt die Bestandsaufnahme des inneren Zustandes: Was geht gerade im Körper vor? Welche Gefühle und Gedanken beherrschen das »Feld«? Diese Momentaufnahme der gegenwärtigen

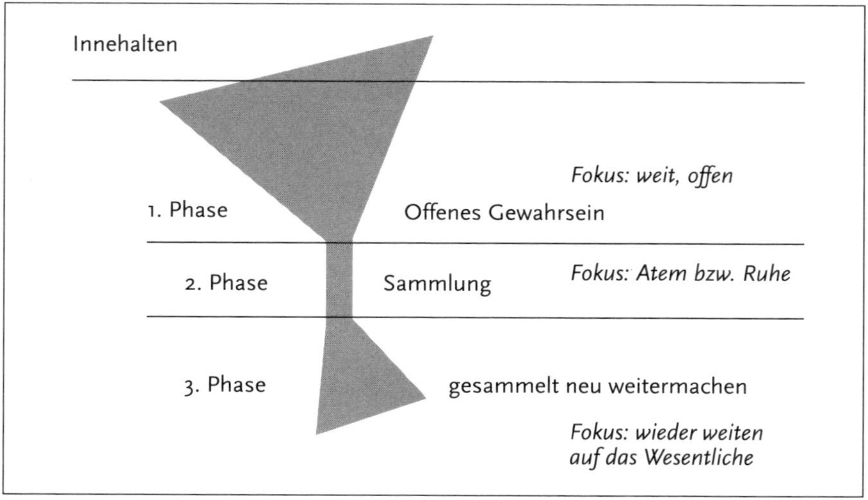

Erfahrung braucht einige Zeit und es ist wichtig, sich dafür genügend Raum zu geben.

2. Die *Engstelle* steht für Sammlung durch Fokussierung des Atems. Man bleibt dazu so lange auf einen Aspekt des Atems konzentriert, bis sich eine gewisse innere Ruhe einstellt und der Geist »nach Hause gebracht« ist.
3. Im letzten Abschnitt der Übung, für den der nach *unten offene Trichter* steht, erweitert man das Feld der Aufmerksamkeit wieder auf den ganzen Körper

und die Objekte, die im Inneren wahrgenommen werden. Dann schließt man wieder die Umgebung mit ein. Und am Ende richtet man die Aufmerksamkeit jetzt neu und mit größerer Klarheit auf das, was im Moment bedeutsam und wichtig erscheint.

Quellen

Im achtsamkeitsbasierten Programm zur Rückfall-Prophylaxe von Depressionen findet sich eine vergleichbare Übung, der »Drei-Minuten-Atemraum«.

Umsetzung im Alltag

Die Übung hilft, aus dem Wirbelsturm des Lebens in die Stille seines Zentrums zu gelangen. Man verweilt in dieser Mitte, um dann gestärkt wieder am Tanz des Lebens teilzunehmen. Insofern bietet sich die Übung gerade dann an, wenn man den Eindruck hat, vom Alltag überrollt zu werden.

ZUSAMMENFASSENDE HINWEISE ZUR ÜBUNG IM ALLTAG

- Sobald die Übungen anfangen, gut zu tun und Freude zu machen, gibt es keine »verlorene« Zeit mehr. Jeder Alltagsmoment, der bisher als Zwangspause erlebt wurde, kann nun als »Zeitgeschenk« zur Übung von Achtsamkeit genutzt werden: das Warten an der Supermarktkasse, an der roten Ampel, beim Arzt.
- Wege, die man machen muss, sind dann nicht mehr nur dazu da, irgendwohin zu gelangen. Man kann jeden Schritt nutzen, um in der Gegenwart und bei sich selbst anzukommen: den Weg zum Kleiderschrank, zu einem Kunden, auf das WC oder den am Abend nach Hause.
- Man kann lernen, zu jedem Zeitpunkt den Körper wahrzunehmen: die Haltung, Bewegungen, den Atem, den Bodenkontakt und vieles mehr. Ein Teil der Aufmerksamkeit kann beim Körper bleiben, auch wenn die Aufmerksamkeit der Außenwelt gilt.
- Der Fokus der Aufmerksamkeit kann bewusst gewählt werden: Fokus innen, Fokus außen, Fokus Ruhe, Fokus Wandel und Fokus auf Positives.
- Die Praxis der Achtsamkeit bedeutet, den inneren Beobachter immer wieder zu erwecken und ihn wach zu halten. Man kann sich ihn als Zuschauer in einem Kino vorstellen. Alle Gedanken, Gefühle, Empfindungen, inneren Bilder usw., erscheinen wie auf einer Leinwand. Der innere Beobachter sitzt in einer der hinteren Reihen zurückgelehnt und ganz entspannt im Sessel und schaut dem zu, was man erlebt.

- Erinnerungshilfen erleichtern es, die Achtsamkeit nicht zu vergessen. Man kann dazu regelmäßig auftretende Ereignisse verwenden: etwa das Läuten der Kirchenglocken, das Hochfahren des Computers, das Starten des Autos oder das Überschreiten einer Türschwelle. Man kann auch kleine Erinnerungshilfen einsetzen in Form von Kärtchen, Symbolen (wie einem Stein), einem speziellen Ring oder einem Punkt, den man an einen Ort klebt, wo man ihn immer wieder wahrnimmt.

Anhang

SCHLÜSSELBEGRIFFE DER ACHTSAMKEIT

Affengeist

Affengeist (»monkey-mind«) ist eine buddhistische Beschreibung der normalen mentalen Unstetheit und Ablenkbarkeit. Der ungeschulte Geist springt mit seiner Aufmerksamkeit von Objekt zu Objekt, wie ein Affe von Baum zu Baum hüpft und nie zur Ruhe kommt. Jeder Außenreiz führt zu einer automatischen Reaktion. Geistestraining durch Achtsamkeit bedeutet, die »affenartige« Natur des Geistes zu erkennen und ihn zu zähmen.

Akzeptanz

Akzeptanz ist die für Achtsamkeit charakteristische wohlwollende Haltung allen Erfahrungen gegenüber. Dabei wird nichts bewertet und nichts abgelehnt. Man will auch nichts verändern oder anders haben. In der Achtsamkeitspraxis wird Akzeptanz in Bezug auf sich selbst, aber auch gegenüber der Umwelt geübt. Akzeptanz kann nicht erzwungen werden, sie entsteht auf natürliche Weise, wenn etwas genau beobachtet und verstanden wird.

Alltagsbewusstsein

Alltagsbewusstsein ist ein Bewusstseinszustand, der sich vom Zustand der Achtsamkeit wesentlich unterscheidet. Er ist gekennzeichnet durch automatisches Wahrnehmen, Denken, Fühlen und Handeln und durch die Abwesenheit des inneren Beobachters *(siehe »Innerer Beobachter«, S. 159)*. Die Automatismen folgen erlernten Schemata. Jeder Mensch hat eine gewisse Zahl solcher unterschiedlicher Schemata als typische Zustände oder Persönlichkeitsanteile *(siehe »Teilemodell«, S. 63 und S. 166)* zur Verfügung und ist im Alltagsbewusstsein mit ihnen identifiziert.

Amygdala

Die »Mandelkerne« (deutscher Ausdruck für Amygdalae) sind Teil des limbischen Systems im Gehirn. Sie sind für die Einschätzung von Sicherheit oder Gefährdung zuständig. Bei ihrer Aktivierung werden unter Umständen heftige Gefühle hervorgerufen. Präfrontale Gehirnregionen, die im Rahmen von Achtsamkeitsübungen gestärkt werden, haben hemmenden Einfluss auf ihre Aktivität.

Anfängergeist

Anfängergeist ist ein Begriff aus dem Zen-Buddhismus. Er beschreibt eine Haltung, die Dinge so zu betrachten, als ob sie zum ersten Mal wahrgenommen würden. Anfängergeist bedeutet eine Haltung von Offenheit und Unvoreingenommenheit, einer im besten Sinne kindhaften Neugier. Das Gegenteil von Anfängergeist ist die Annahme, etwas schon zu kennen oder schon alles darüber zu wissen. Dies führt dazu, dass man für neue Erfahrungen nicht mehr offen ist. Achtsamkeitspraxis fördert den Anfängergeist.[33]

Anker
Bezeichnung für etwas Haltgebendes, so wie der Anker einem Schiff Halt gibt. So stellt der Atem einen Anker für die Aufmerksamkeit dar, an der sie sich immer wieder festhalten kann. Manchmal werden auch Erinnerungshilfen als Anker bezeichnet, etwa die Achtsamkeitsglocke, die daran erinnert, innezuhalten.

Autopiloten-Modus
Automatisches Funktionieren im Alltagsbewusstsein *(siehe Alltagsbewusstsein, S. 157)*.

Benennen oder Etikettieren
Zentrale Technik in der Vipassana-Tradition *(siehe Vipassana, S. 166)*, bei der wahrgenommene Objekte innerlich benannt werden, z. B. mit den Worten »Gedanke«, »Geräusch«, »Bild« oder »Gefühl«. Das macht sie bewusst, schafft Abstand und hilft, sie anschließend wieder leichter loszulassen.

Beobachter, Innerer
Der innere Beobachter ist eine Hilfsvorstellung, die sich auf die Fähigkeit des Menschen bezieht, im gegenwärtigen Moment und aus einer übergeordneten Perspektive innere und äußere Phänomene neutral und gelassen beobachten zu können. Die Kultivierung des Beobachters ermöglicht, zunehmend konzentriert, kontinuierlicher, feiner und genauer wahrzunehmen. Die übergeordnete

Perspektive erlaubt, alles ohne Vorlieben und möglichst »rein« zu betrachten. Zur Selbsterforschung wird die Aufmerksamkeit auf Elemente der Selbstorganisation gerichtet, wie körperliche Empfindungen und Rhythmen, Gefühle, Affekte, Gedanken, Impulse, Erinnerungen und innere Bilder. Mit dem inneren Beobachter entwickelt sich auch die Fähigkeit zur »Disidentifikation«.

Default-Modus
Wort aus der Computer-Sprache, das die Standardeinstellung einer Software bezeichnet. Im Gehirn meint es jenen normalen Funktionszustand, bei dem man über sich nachdenkt, sich selbst Geschichten über sich und seine Beziehung zur Welt erzählt. Dies dient der Aufrechterhaltung eines Gefühls von Identität und Konstanz des Ich. Achtsamkeit hemmt diesen Denk- oder Erzähl-Modus, indem sie zur Umschaltung in einen Erfahrungs- oder Seins-Modus beiträgt *(siehe auch S. 45 und 47)*.

Disidentifikation
Dieser Begriff beschreibt den Prozess einer Trennung (lat. Vorsilbe »dis« = auseinander) des Wahrnehmenden (des inneren Beobachters) vom Wahrgenommenen (den Objekten der Wahrnehmung). Disidentifikation ist ein wesentlicher Wirkmechanismus der Achtsamkeit, indem sie erlaubt, eine erleichternde Distanz zu den vielen Formen des Erlebens zu finden.

Focusing

Focusing-orientierte Psychotherapie wurde von Eugene T. Gendlin an der Universität von Chicago entwickelt. Dabei wird man dazu angeleitet, sich der körperlichen Empfindungen im gegenwärtigen Moment gewahr zu werden und bei ihnen zu verweilen. Durch vertiefte Wahrnehmung entsteht ein »felt sense«, eine gefühlte Empfindung, deren Sinn und Bedeutung sich im weiteren Prozess entschlüsselt.

Gleichmut

Gleichmut und Gelassenheit sind der Gegenpol zu Gier und Anhaften, aber auch zu Hass und Ablehnung, zwei der wesentlichen Ursachen von Leid aus buddhistischer Sicht. Gleichmut ist ein Zustand, der sich bei fortschreitender Übung immer leichter einstellt und zu einer überdauernden Haltung wird. Gleichmut zählt neben Konzentration und Klarblick zu den zentralen Wirkungen der Achtsamkeitspraxis.

Hakomi

Die Hakomi-Methode ist ein tiefenpsychologisches Verfahren, das auf dem Hintergrund der humanistischen Psychologie der 1960er Jahre entstand. Sie wird vor allem in der Einzelpsychotherapie eingesetzt und nutzt Achtsamkeit zur Erforschung der Selbstorganisation mittels kleiner Experimente. Auch die achtsame Haltung der Therapeuten ist von Bedeutung. Der Ansatz ist komplex, obwohl er in der Anwendung leicht und ohne große Anstrengung wirkt. Hakomi wird weltweit gelehrt und ist heute eine der am weitesten verbreiteten körperpsychotherapeutischen Methoden[34].

*Internal Family-Systems (*IFS*)*

Richard C. Schwartz, ein Familientherapeut an der Universität von Chicago, entwickelte in den 1980er Jahren aus familientherapeutischem und systemischem Denken ein Teilemodell vom Aufbau der Psyche und die »Arbeit mit der inneren Familie«. IFS verfügt über eine praxisorientierte, systematische Methodologie und ist ein in den Grundzügen auch für Laien gut verständliches Konzept.

Innehalten

Die Fähigkeit innezuhalten ist in Hinblick auf Selbstführung *(siehe Selbstführung S. 165)* eine der wesentlichen Auswirkungen von Achtsamkeit. Innehalten bezieht sich auf das kleine Zeitfenster zwischen Wahrnehmung und Verhaltens-Reaktion. Dieser Moment ermöglicht, die eigenen Impulse zu bemerken, automatische Verhaltensmuster zu unterbrechen und nach Einsicht in die Situation auf eine besonnene und angemessene Weise zu handeln.

Klarblick

»Klarblick« beschreibt in der buddhistischen Psychologie die Fähigkeit, die Wirklichkeit immer mehr so wahrzunehmen, wie sie ist. Klarblick ist eine Folge von Gleichmut, indem alles ohne Vermeidung oder Anhaften betrachtet werden kann. Sie ist ebenso eine Folge von Konzentration, indem man sich immer stabiler und ausdauernder der Beobachtung aller Dinge zuwenden kann und ein zunehmend verfeinertes Instrumentarium der Beobachtung zur Verfügung hat. Indem Konzepte als Konzepte erkannt werden, verstellen sie weniger die Sicht auf die wahre Natur der Dinge. Die Wahrnehmung wird weiter und blinde Flecken verringern sich. Klarblick zählt neben Konzentration und Gleichmut zu den zentralen Auswirkungen der Achtsamkeitspraxis.

Konzentration

Konzentration ist die Fähigkeit, die Aufmerksamkeit auf das lenken zu können, was im Moment wesentlich ist. Konzentration bedeutet auch, mit der Aufmerksamkeit auf dem gewählten Objekt verweilen zu können. Die Aufmerksamkeit kann dabei auf einen Punkt fokussiert sein, z. B. die Atembewegungen. Sie kann sich auch weiten und sich für das gesamte mögliche Feld des Gewahrseins öffnen. Konzentration zählt neben Klarblick und Gleichmut zu den zentralen in der Achtsamkeitspraxis geübten Fähigkeiten.

*Mindfulness-Based Stress Reduction (*MBSR*)*

MBSR ist das bekannteste und am weitesten verbreitete achtsamkeitsbasierte Übungsprogramm zur Stress-Reduktion. Das Gruppenprogramm wurde von Jon Kabat-Zinn in den 1970er Jahren entwickelt und hat sich in unterschiedlichen Anwendungsfeldern als wirksam erwiesen und bewährt *(siehe S. 55)*.

Mitgefühl
Nach Auffassung der buddhistischen Psychologie entsteht Mitgefühl durch Achtsamkeit. Durch genaue Beobachtung werden viele Aspekte des Lebens immer bewusster und tiefer erkannt. Auch Leiden wird in all seinen Formen immer deutlicher wahrgenommen und besser verstanden. Daraus entwickelt sich ein umfassendes Mitgefühl für alles Leben, verbunden mit dem Impuls, zu helfen. Mitgefühl wird in buddhistischen Traditionen besonders kultiviert und schließt Selbst-Mitgefühl selbstverständlich mit ein *(siehe auch S. 75)*.

Neuroplastizität
Ausdruck für die lebenslange Lern- und Veränderungsfähigkeit des menschlichen Gehirns. In bestimmten Gehirnregionen werden ständig neue Nervenzellen gebildet. Nervenzellen sprossen aus und bilden neue Kontaktstellen (Synapsen). Die Übertragung wird bei häufiger Nutzung leichter (Bahnung) und die etablierten Verbindungen verfestigen sich. So baut sich das Gehirn aufgrund von Erfahrungen ununterbrochen um. Auf der Basis dieser Mechanismen verändert auch ein Achtsamkeitstraining das Gehirn.

Präfrontaler Cortex
Einige Teile der Hirnrinde im Stirnlappen werden als präfrontale Regionen zusammengefasst. Sie sind an der Aufmerksamkeitslenkung und der Regulation von Emotionen beteiligt, indem sie mit dem Inselcortex und den Mandel-

kernen zum Teil in hemmender Funktion verbunden sind. Sie spielen für die Achtsamkeit eine zentrale Rolle.[35]

Präsenz

Präsenz bezeichnet ein durch Fokussierung auf die Gegenwart hervorgerufenes Da-Sein im gegenwärtigen Moment mit Bewusstheit dessen, was ist, innen und außen, im Körper und im Geist. Zustände von Präsenz wirken sich auf andere Menschen aus, indem sie durch Resonanzphänomene in ähnliche Zustände kommen können.

Satipatthâna Sutta

Ein grundlegender buddhistischer Text zur Achtsamkeit ist die Satipatthâna Sutta, die Lehrrede Buddhas von den vier Grundlagen der Achtsamkeit: Betrachtung von Körper, Gefühlen, Geist und Geistobjekten.[36]

Selbstführung

»Selbstführung« beschreibt die Fähigkeit, aus einer übergeordneten, integrativen Perspektive ein hohes Maß an Wahrnehmung, an Übersicht, aber auch an aktiver Fürsorge gegenüber den unterschiedlichen Persönlichkeitsanteilen zu entwickeln (vgl. Dietz & Dietz 2007). Sie beruht auf der Praxis der Achtsamkeit.

Teilemodell (Persönlichkeitsanteile oder »Zustände«)
Teilemodelle beschreiben die Psyche als ein aus Teilen (Persönlichkeitsanteilen oder »Zuständen«) zusammengesetztes Ganzes. Sie finden sich schon bei Freud (Ich, Es und Über-Ich), Jung (Ich, Selbst, Persona und Schattenanteile) in der Psychosynthese Assagioli's und in Berne's Transaktionsanalyse (Erwachsenen-, Eltern- und Kind-Ich-Zustände). Moderne Versionen sind die von Gunther Schmidt (innere Konferenz), Schulz von Thun (inneres Team) und Richard Schwartz (IFS) *(siehe* IFS, *S. 162 und Abschnitt »Das Teilemodell«, S. 63).*

Vipassana
»Vipassana« kann als Einsicht übersetzt werden, als eine klare Bewusstheit davon, was im Augenblick vor sich geht, während es geschieht. In der Vipassana-Praxis benutzt der Übende seine Konzentration als Werkzeug, mit dem seine Bewusstheit »die Wand der Illusion niederreißen kann, die ihn vom lebendigen Licht der Realität abschneidet«[37]. Diese Praxis der Achtsamkeit geht auf die ältesten überlieferten Redesammlungen Buddhas zurück und ist eine wesentliche Grundlage der aktuellen Auffassungen von Achtsamkeit.

Zugangskonzentration
Form und Intensität der Konzentration, die zu innerer Ruhe und gelassenem Beobachten führt. Das »Hintergrundrauschen« wird leiser und das beobachtete Objekt wird deutlicher wahrnehmbar. Ruhiges Beobachten eröffnet den Zugang zu Einsicht im Sinne von Klarblick.

WEITERFÜHRENDE LITERATUR

Dietz, I. & Dietz, T. (2007) Selbst in Führung. Paderborn: Junfermann.

Gunaratana, M. H. (1996) Die Praxis der Achtsamkeit. Eine Einführung in die Vipassana-Meditation. Heidelberg: Werner Kristkeitz.

Harrer, M. & Weiss, H. (2016) Wirkfaktoren der Achtsamkeit. Stuttgart: Schattauer.

Kabat-Zinn, J. (2011) Gesund durch Meditation. München: Knaur.

Kabat-Zinn, J. (2006) Zur Besinnung kommen. Die Weisheit der Sinne und der Sinn der Achtsamkeit in einer aus den Fugen geratenen Welt. Freiamt: Arbor.

Kornfield, J. (2008) Das weise Herz. Die universellen Prinzipien buddhistischer Psychologie. München: Arkana.

Kurtz, R. (1994) Hakomi – Eine körperorientierte Psychotherapie. München: Kösel.

Nyanaponika (2000) Geistestraining durch Achtsamkeit. Stammbach: Beyerlein & Steinschulte. 8. Auflage.

Ott, U. (2010) Meditation für Skeptiker. Ein Neurowissenschafter erklärt den Weg zum Selbst. München: Barth.

Siegel, D. J. (2007) Das achtsame Gehirn. Freiamt: Arbor.

Tart, C. (1995) Hellwach und bewusst leben. Freiamt: Arbor.

Weiss, H., Harrer, M. & Dietz, T. (2015) Das Achtsamkeits-Buch. Stuttgart: Klett-Cotta. 7. Auflage (Taschenbuchausgabe 2016).

WEBLINKS

www.achtsamleben.at
www.basicmindfulness.com
www.burnoutundachtsamkeit.at
www.dietz-training.de
www.hakomi.de

ANMERKUNGEN

1 Thich Nhat Hanh (1998) Schritte der Achtsamkeit. Freiburg: Herder. S. 19.
2 Kabat-Zinn, J. (2003) Mindfulness-Based Interventions in Context: Past, Present, and Future. Clinical Psychology: Science and Practice, 10 (2), 144–156. S. 145, Übersetzung durch die Autoren.
3 Schmidt, G. (2011) Berater als »Realitätenkellner« und Beratung als koevolutionäres Konstruktionsritual für zieldienliche Netzwerkaktivierungen – Einige hypnosystemische Implikationen. In Leeb, A. et al. (Hrsg.) Der Realitätenkellner. Heidelberg: Carl-Auer. S. 19.
4 Suzuki, S. (1975) Zen-Geist Anfänger-Geist. Berlin: Theseus.
5 Beisser, A. (1997) Wozu brauche ich Flügel. Wuppertal: Peter Hammer.
6 vgl. www.shinzen.org.
7 www.palikanon.com/diverses/satipatthana/satipatt_10.html.
8 www.palikanon.com/diverses/satipatthana/satipatt_10.html.
9 Marlock, G. & Weiss, H. (Hrsg.) (2006) Handbuch der Körperpsychotherapie. Stuttgart: Schattauer.
10 Damasio, A. (2002) Ich fühle, also bin ich. München: Ullstein.
11 vgl. Fuchs, T. (2010) Das Gehirn als Beziehungsorgan. Stuttgart: Kohlhammer, 3. Auflage.
12 Siegel, D. J. (2007) Das achtsame Gehirn. Freiamt: Arbor.
13 Farb, N. A. S. et al. (2007) Attending to the present: mindfulness meditation reveals distinct neural modes of self-reference. SCAN 2, 313–322.

14 Ott, U. et al. (2010) Inhibition of default mode network activity during mindfulness meditation. Poster am 16th Annual Meeting of the Organization for Human Brain Mapping. Barcelona.
15 Creswell, J. D. et al. (2007) Neural correlates of dispositional mindfulness during affect labeling. Psychosomatic Medicine, 69, 560–565.
16 vgl. Ott, U. (2010) Meditation für Skeptiker. München: O. W. Barth. S. 130.
17 vgl. www.shinzen.org.
18 Piron, H. (2003) Meditation und ihre Bedeutung für die seelische Gesundheit. Transpersonale Studien Band 7. Oldenburg. Zit. nach Ott, U. (2010) Meditation für Skeptiker. München: O. W. Barth. S. 16.
19 Siegel, D. J. (2011) Die Alchemie der Gefühle. München: Kailash.
20 Beisser, A. (1997) Wozu brauche ich Flügel. Wuppertal: Peter Hammer.
21 Dalai Lama (2003) Ratschläge des Herzens. Zürich: Diogenes. S. 153.
22 Gottman, J. M. (2008) Die 7 Geheimnisse der glücklichen Ehe. Berlin: Ullstein. 8. Auflage.
23 Kramer, G. (2009) Einsichts-Dialog. Freiamt: Arbor.
24 Thich Nhat Hanh (2011) Love is being present. In Miller, A. (ed.) Right here with you. Bringing mindful awareness into our relationships. Boston & London: Shambala. S. 3. (Übersetzung durch die Autoren).
25 Thich Nhat Hanh (2011) Love is being present. In Miller Miller, A. (ed.) Right here with you. Bringing mindful awareness into our relationships. Boston & London: Shambala. S. 10–11. (Übersetzung durch die Autoren).
26 Goleman, D. (1997) Emotionale Intelligenz. München: dtv. 2. Auflage. S. 171.

27 vgl. www.self-compassion.org.
28 Bays, J. C. (2011) How to train a wild elefant. Boston & London: Shambhala; Erinnerungskärtchen (engl.) download unter http://www.shambhala.com/howtotrain/ (Dt. Achtsam durch den Tag. 53 federleichte Übungen zur Schulung der Achtsamkeit. Oberstdorf: Windpferd. 5. Auflage 2012.).
29 Gruber, H. (download 2011) Die Achtsamkeits- bzw. Einsichtspraxis Vipassana, eine Kernmeditation und -tradition. S. 5. Download unter http://www.buddhismuskunde.uni-hamburg.de/fileadmin/pdf/digitale_texte/Bd7-K13Gruber.pdf.
30 Thomas Lüchinger, 1998.
31 Tart, C. (1991) Hellwach und bewusst leben. München: Heyne.
32 Gehart, D. & McCollum, E. E. (2010) Therapeutischer Präsenz den Weg ebnen. Ein Ansatz auf Achtsamkeitsbasis. In Hick, S. F. & Bien, T. Achtsamkeit in der therapeutischen Beziehung. Freiamt: Arbor, S. 267–268.
33 Suzuki, S. (1975) Zen-Geist Anfänger-Geist. Berlin: Theseus.
34 Kurtz, R. (1994) Hakomi – Eine körperorientierte Psychotherapie. München: Kösel.
35 Siegel, D. J. (2007) Das achtsame Gehirn. Freiamt: Arbor.
36 Nyanaponika (2000) Geistestraining durch Achtsamkeit. Stammbach: Beyerlein & Steinschulte. 8. Auflage.
37 Gunaratana, M. H. (1996) Die Praxis der Achtsamkeit. Eine Einführung in die Vipassana-Meditation. Heidelberg: Werner Kristkeitz. S. 11.

ÜBUNGEN AUF DEN CDs

Sprecher: Halko Weiss

CD 1

Track 1:	Achtsames Sitzen: Atembeobachtung	6:31
Track 2:	Achtsames Liegen: Der Bodyscan	18:11
Track 3:	Achtsames Stehen	10:02
Track 4:	Achtsames Gehen	11:05
Track 5:	Achtsam Innen und Außen wahrnehmen	9:52
Track 6:	Zooming	7:39
Track 7:	Achtsame Selbstberührung: Die Hand auf der Brust	9:56

CD 2

Track 1:	Achtsames Experimentieren mit dem Atem	7:32
Track 2:	Achtsames Spüren von Spannung und Entspannung	10:40
Track 3:	Achtsamer Umgang mit Unangenehmem: Die Eiswürfelübung	8:49
Track 4:	Achtsame Einladung und Erforschung eines Persönlichkeitsanteils	10:34
Track 5:	Achtsamer innerer Dialog	16:03
Track 6:	Achtsamkeit in der Begegnung zu zweit: Eine Berührung	19:49

Hinweis

Die enthaltenen Übungen haben sich in der Praxis bewährt. Alles was eine Wirkung entfaltet, kann auch Nebenwirkungen haben. Die Leserinnen und Leser sind daher aufgefordert, achtsam mit sich umzugehen und selbst herauszufinden, welche Anregungen sich für sie bewähren und welche sie umsetzen wollen.

Autoren

Halko Weiss
Ph.D., Dipl.-Psych., Psychologischer Psychotherapeut, Dozent der bayrischen Psychotherapeutenkammer. Mitbegründer und Senior Trainer der Hakomi Institute in den USA, Deutschland, Neuseeland und Australien. Halko Weiss arbeitet international als Ausbilder für Körperpsychotherapie, als Management-Trainer und als Paartherapeut. Er hat die Achtsamkeitsmeditation in den 1970er Jahren in einem buddhistischen Kloster in Sri Lanka kennengelernt. Seitdem ist sie integraler Bestandteil seines therapeutischen Vorgehens und zentrale Grundlage der Hakomi-Methode geworden. Zu seinen zahlreichen Veröffentlichungen gehören die Bücher »Auf den Körper hören« und das »Handbuch der Körperpsychotherapie«. www.hakomi.de

Michael E. Harrer
Facharzt für Psychiatrie und Psychotherapeutische Medizin; Psychotherapeut in eigener Praxis in Innsbruck. Einer seiner Arbeitsschwerpunkte ist die

Psychoonkologie – er ist Mitbegründer und langjähriger Obmann der Krebsberatungsstelle »netzwerk krebs_vorsorge_nachsorge«. Als Lehrtherapeut der Österreichischen Ärztekammer bildet er Ärzte in psychosozialer und psychosomatischer Medizin aus. Er ist Lehrtherapeut für Hypnosepsychotherapie, Supervisor, Coach und Balint-Gruppen-Leiter und bietet Seminare zu Psychoonkologie, Stressbewältigung und Burnout-Prophylaxe durch Achtsamkeit an. Zwei von ihm gestaltete Websites informieren umfassend über die Achtsamkeit und ihre Anwendungen. Verschiedene Fachveröffentlichungen.
www.achtsamleben.at und www.burnoutundachtsamkeit.at

Thomas Dietz
Arzt mit Zusatztitel Psychotherapie, Senior-Coach und Coaching-Weiterbildungsanbieter im Deutschen Bundesverband Coaching. Wichtige Prinzipien seiner Arbeit stammen aus der Hakomi-Methode und der Internal Family Systems Therapy. Seit 1989 ist er als Trainer und Berater tätig. Mit seiner Frau Ingeborg Dietz, mit Halko Weiss und weiteren Kollegen hat er ein spezifisches Vorgehen im Coaching entwickelt, das auf Achtsamkeit beruht. Neben zahlreichen Fachartikeln hat er zusammen mit Ingeborg Dietz das Buch »Selbst in Führung – achtsam die Innenwelt meistern« veröffentlicht.
www.dietz-training.de

Ebenfalls von den Autoren im Klett-Cotta Verlag erschienen: »Das Achtsamkeits-Buch«, 7. Auflage, 2015 (Taschenbuchausgabe 2016) und »Burnout und Achtsamkeit«, 2013.